Introduction

Connaitre la richesse du Nouveau Testament et du Concile Vatican II au sujet de Marie, tel est le but des formations que l'auteur dispense depuis quelques années à la Communauté du Chemin Neuf (Cycle C) - communauté engagée pour l'unité des chrétiens au plan de la vie commune, de la prière et de l'action caritative, selon la prière de Jésus :

« Je ne prie pas pour eux seulement, mais aussi pour tous ceux qui, grâce à leur parole, croiront en moi,
afin que tous soient un.
Comme toi, Père, tu es en moi et moi en toi, qu'eux aussi soient en nous afin que le Père croie que tu m'as envoyé. » (Jn 17, 20-21)

MARIE DANS L'ECRITURE

Saint Paul aux Galates

Le premier texte important concernant Marie est de saint Paul, Galates 4,4. Il fait partie de ces passages du Nouveau Testament rédigés selon un « schéma d'envoi ». On y parle de Dieu (le Père) qui "envoie" (Gal 4,4 ; Rm 8,3-4 ; Jn 3,16 ; 1 Jn 4,9), qui "donne" (Jn 3,16) son propre Fils au monde. Le Fils "envoyé" par Dieu est donc préexistant comme "Fils" du Père, et il passe à une autre forme d'existence, selon la chair : c'est "l'incarnation". En conséquence, Marie sera appelée mère de Dieu "selon la chair".

« Mais quand vint la plénitude du temps, Dieu envoya son Fils, né d'une femme,
né sujet de la loi, afin de racheter les sujets de la Loi,
afin de nous conférer l'adoption filiale.
Et la preuve que vous êtes des fils, c'est que Dieu a envoyé dans nos cœurs l'Esprit de son Fils qui crie : Abba, Père ! » (Ga 4,4-6)

Saint Marc.

Le chapitre 3 de saint Marc est parfois utilisé pour déprécier Marie... Est-ce justifié ? Tout d'abord, la mère de Jésus fait-elle partie du groupe de ceux qui viennent « s'emparer » de Jésus, et qui sont « dehors » ?

Mc 3, 20-21	Mc 3, 22-30	Mc 3, 31-35
Sujet pluriel : Les siens	Les scribes.	Sujet singulier : La mère avec les frères
Partirent	« Ils disaient… » (calomnies)	Vient
Pour « s'emparer » (force)		« Appelle » (douceur)
Ils sont « dehors » d'une maison.		On ne parle pas d'une maison.
Jésus ne leur dit rien.	Jésus dénonce leur péché contre l'Esprit Saint	Jésus dit : « Quiconque fait la volonté de Dieu, celui-là est mon frère, ma sœur, ma mère »

1) Le premier épisode, Mc 3,20-21, décrit l'initiative des proches parents de Jésus ; les conditions de vie de Jésus, sans repos, ainsi que l'incompréhension de la part des chefs, peuvent avoir poussé les proches parents à se mettre en chemin pour ramener Jésus.

2) Le second épisode, Mc 3,22-30, décrit les scribes venus de Jérusalem, ils sont les ennemis officiels et accusent Jésus d'être possédé. À cela Jésus répond que leur calomnie vient d'un aveuglement, d'un péché contre l'Esprit Saint. Cette seconde scène est encadrée par l'expression « Ils disaient » (Mc 3, 22 et Mc 3, 30). Les rumeurs contre Jésus ont de quoi affoler

sa parenté ! De fait, Jésus est déjà menacé de mort (Mc 6, 3) !

3) Le troisième épisode Mc 3,31-35 nécessite, pour être compris, une traduction littérale : « Vient la mère avec les frères de Jésus ».

- Le sujet de Mc 3,21 « les siens », qui essayent de s'emparer de Jésus - n'est pas repris en Mc 3, 31 où l'on trouve « la mère avec les frères ».

- Et on doit aussi souligner la nette différence entre le verbe « s'emparer » (grec : kratesai) de Mc 3,21, qui indique toujours une certaine épreuve de force, et le verbe « appeler » (grec : kalountes), de Mc 3,31.

- Si « les siens » et « la mère et les frères » étaient un même groupe de personnes, nous aurions : « Les siens… partirent (Mc 3, 21)… La mère et les frères arrivèrent (Mc 3, 31) ». Or nous avons : « Les siens… partirent (verbe 'exercomai, aoriste, 3° personne du pluriel, Mc 3, 21)… Vient (verbe 'ercomai, présent, 3° personne du singulier) la mère avec les frères (Mc 3, 31) ». Ces verbes témoignent de l'origine indépendante de ces deux récits.

- Alors que Mc 3, 20-21 parle d'une maison où Jésus entre, pressé par la foule, en Mc 3, 31-35 on ne parle pas de maison. A ce point de vue aussi manque la continuité entre les épisodes.

Conclusion : Il n'est pas sérieux de dire que la mère de Jésus (Mc 3,31) soit parmi ceux qui viennent pour s'emparer de Jésus en Mc 3,21. Son attitude est respectueuse. Marie est une bonne « disciple » !

La demande de Mc 3, 33 : « Qui est ma mère, qui sont mes frères ? » est un langage difficile à comprendre et à accueillir : membres de la parenté, « la mère et les frères » sont appelés à se faire disciples.

Cependant, le climat est positif : Jésus se limite à indiquer que ceux qui sont assis autour de lui sont les membres de sa nouvelle famille : « Quiconque fait la volonté de Dieu, celui-là est mon frère, ma sœur, ma mère » (Mc 3, 35).

Le sens de l'épisode apparait encore plus profond en observant sa place tout l'évangile de Marc :

Mc 3, 6 : Jésus menacé de mort.
Mc 3, 20-21 : Les familiers veulent prendre Jésus.
                                                          Jésus ne dit rien.
Mc 3, 22-30 : Les scribes.
                                   Jésus dénonce leur péché.
Mc 3, 31-35 : Vient la mère de Jésus avec les frères.
                                 Les disciples, famille de Jésus.
                                 Invitation à faire la volonté du Père
                                 (malgré la menace de mort !)
/.../
Mc 14, 36 : Agonie au Gethsémani.
                                 Jésus veut faire la volonté du Père.
Faire la volonté du Père conduit à la fécondité de la Rédemption
                                 et à la Puissance de la Résurrection.

Jésus enseigne une nouvelle doctrine avec autorité (Mc 1,27), une doctrine inconnue et subversive attestée par des gestes également inédits et provocateurs. Au paralytique, Jésus ose dire : « Mon fils tes péchés te sont remis », et aussitôt des scribes parlent de blasphème (Mc 2,5-7). Jésus s'arrête dans la maison du publicain, et cela provoque le mécontentement (Mc 2,15-17). Jésus guérit un homme à la main desséchée le jour du Shabbat (Mc 3,1-3), et aussitôt « les pharisiens sortirent avec les Hérodiens et ils tinrent conseil contre lui pour le faire mourir » (Mc 3,6). Jésus chasse les démons alors les scribes disent de Jésus : « il a un esprit immonde » (Mc 3,30). C'est alors que sa mère et ses frères appellent Jésus (Mc 3, 31-35).

Jésus, déjà menacé de mort, parle à sa mère, et il souligne la priorité de sa mission sur les considérations humaines. Il l'invite à s'unir à la volonté du Père (Mc 3, 31-35). Autrement dit, Jésus suggère à Marie l'attitude qu'il aura lui-même le jour de son agonie (Mc 14, 36), dans le jardin de la Passion. Il lui indique la route à prendre. Et Marie accueille fidèlement la parole de Jésus, avançant dans son pèlerinage de la foi (Mc 3,35, cf. Lc 2, 19. 51).

Faire la volonté du Père conduit à la fécondité de la Rédemption et à la Puissance de la Résurrection.

Marie dans les courants du judaïsme

La simple lecture de l'évangile de Marc pose question : pourquoi certains Juifs semblaient disposés à devenir disciples de Jésus alors que d'autres, notamment parmi les notables de Jérusalem, semblaient disposés à devenir ses ennemis ? Les dispositions intérieures (orgueil, vanité ?) nous sont inaccessibles, mais nous avons accès aux écrits postbibliques dont on sait qu'ils reflètent des traditions orales remontant à l'époque du Christ.

Le judaïsme est un pluralisme. Il ne suffit donc pas de dire « Marie était juive », il faut essayer de situer Marie dans le pluralisme de son temps.

Ces repères sont importants pour le dialogue œcuménique : nous allons découvrir qu'il ne faut pas séparer la dimension de la foi et la dimension du mérite (et tout ce qui est de l'ordre de la coopération) ; ces deux dimensions sont inséparables dans la pensée des disciples du Christ.

D'une manière simplifiée :

Pour les courants *« officiels »,* Elohim crée à partir du tohu bohu ; ce que Elohim crée est très bon mais le tohu bohu est toujours présent, l'esprit mauvais demeure dans l'homme à côté de l'esprit bon (il ne s'agit pas pour autant de la théologie du péché originel). Si l'homme pèche, Adonaï veut punir mais la Shekinah, la présence d'Adonaï dans le Temple s'interpose. On n'attend pas une nouvelle miséricorde particulière de la part d'Adonaï. La Torah étant complète, immuable, le salut vient de sa pratique. L'homme peut mériter, il mérite par sa bonté, par ses œuvres, « par les mérites de la circoncision, par les mérites de la Torah », et les patriarches (comme Abraham) ou les matriarches (comme Sarah) ont mérité l'Exode par leurs œuvres, parce qu'ils connaissaient d'avance la Torah[1]. L'Esprit Saint est dans le peuple et dans la majorité du sanhédrin. Il n'y a plus besoin de prophètes. On ne mentionnera plus non plus de miracles pour confirmer les prophètes. On attend un messie collectif qui sera Israël réunissant tous les peuples autour de la Torah.

Pour les courants *« ouverts à de nouvelles révélations »* : Adonaï crée à partir de rien et la question du mal est abordée autrement. Il y a le mal qui vient simplement de ce que nous sommes limités et fragiles, mortels. Avec le péché, s'ajoute la mort « divorce » entre Adonaï et les hommes. L'Esprit Saint n'est donc présent que de façon exceptionnelle. Les prophètes sont valorisés. La relation entre Adonaï (le Seigneur Dieu) et les hommes est une relation d'Amour, c'est une réciprocité, quand l'homme pèche, Adonaï ne s'impose pas à celui qui le refuse et il se retire[2], on dit alors que le Temple et la Torah sont voilés, ils sont « au ciel », ou au 7ème ciel. On ne met pas l'accent sur les œuvres (la Torah qui définit la justice est en effet voilée aux cœurs enténébrés) : l'homme et la femme méritent par la foi (une foi qui ne va pas sans des bonnes œuvres correspondantes).

---

[1] Cf. BRAUDE W.G. *Pesikta Rabbati, Discourses for feast, fasts and Special Sabbaths*, Vol II, Yale University Press, New haven and London 1968, pp. 806-807.

[2] L'homme le ressent ainsi. Evidemment, cette théologie n'a pas pour conséquence qu'un homme qui ne se sent pas désiré doive se suicider : Dieu donne l'être et la vie, il nous désire et nous inspire, tant qu'il nous donne la vie, il nous donne une mission et la grâce de traverser les épreuves de toute sorte.

Nous lisons par exemple :
« Shemaya dit : *Elle a suffi la foi* dont Abraham leur père a cru en moi pour que je leur fende la mer. Comme il est dit (Gn 15, 6) : "Il crut en YHWH et il le lui compta comme justice". Abtalion dit : *Elle a suffi la foi* par laquelle ils (les Israélites) ont cru en moi pour que je leur fende la mer. Comme il est dit (Ex 4, 31) : "Le peuple crut et ils entendirent" ».[3]

« Il a créé l'homme et lui a dit : Tu peux manger de tous les arbres, mais de l'arbre du bien et du mal, tu n'en mangeras pas. Et il transgressa son commandement. Ainsi, J'ai désiré qu'il y ait sur terre une habitation comme elle est dans le ciel. Je t'ai commandé une seule chose mais tu ne l'as pas gardée.
Aussitôt, le Saint, béni soit-il, a fait disparaître sa Shekhinah...
Ils entendirent la voix d'Adonaï qui marchait dans le jardin parce qu'ils avaient transgressé ses commandements. La Shekhinah est partie dans son premier ciel.
Caïn se leva et tua Abel, aussitôt la Shekhinah s'en alla dans le deuxième ciel. J'ai fait sept cieux.
Mais après cela, que fit-il ? Il doubla les générations et aux générations mauvaises, il opposa les générations bonnes.

---

[3] Mekhilta de rabbi Ismael sur Exode 14, 15 édition Horowitz, p. 99 ligne 1-4 ; Lire aussi : Mekhilta de rabbi Ismael sur Exode 14, 31 édition Horowitz, p. 115 ligne 11.

Enfin vint Abraham qui se distingua par de bonnes choses. Et le Saint, béni soit-il, descendit du septième ciel vers le sixième »[4].

On attend un nouveau pardon (par le Temple céleste, non fait de main d'homme) et on attend un dévoilement de la Torah céleste. Le salut ne peut venir que de « *l'ouverture du ciel* ». On attend un *rédempteur personnel*.

La venue du Christ pourra être comprise comme l'acte de miséricorde d'Adonaï, son grand pardon.

Marie. De nombreux indices permettent de situer Marie dans le courant de pensée juif que nous avons appelé le courant « *ouvert* », notamment tout le récit de l'Annonciation : Marie accueille un ange, une parole venue du ciel, elle adhère à l'annonce de la naissance d'un messie personnel, elle croit au miracle qui confirme cette parole (Elisabeth malgré son âge attend un enfant, et Marie elle-même concevra dans la virginité), elle chante l'Incarnation comme une miséricorde. Le Oui de toute sa personne est indispensable (Luc 1, 26-38). Sa responsabilité (sa collaboration à la Rédemption), est essentielle.

Par ailleurs, l'intercession de Marie et des saints est agissante, efficace, parce que le Seigneur a vraiment responsabilisé les hommes. L'Eglise primitive a ressenti cette intercession de Marie et elle y a cru (Par exemple, la prière « *Sub tuam misericordiam* », retrouvé sur un papyrus égyptien datant d'avant le concile de Nicée).

---

[4] *Tanhuma naso* 16, éditions Eshkol Jer. 1972, pp. 687-688

Courants « officiels » (Majorité du sanhédrin, saint Paul avant sa conversion)	*Courants qui attendent « l'ouverture du Ciel »* (Marie, Jean-Baptiste…et quelques pharisiens, saint Paul au moment de sa conversion)
La Torah est complète. Dieu maintient sa présence dans le temple.	La Torah est voilée par le péché. On attend un temple non fait de main d'homme, un nouveau pardon.
Décisions à la majorité du sanhédrin. Les prophètes ne sont pas valorisés, ni les anges, ni les miracles. On attend un messie collectif : Israël.	Les prophètes sont valorisés, les voix célestes et les miracles qui les confirment. On attend un messie ou rédempteur personnel.
La mention de la foi est rare. L'homme mérite par les œuvres. Mais le mérite humain ne change pas grand-chose puisque Dieu est toujours là.	<u>La foi est capitale</u> : « Abraham crut en Dieu et cela lui fut compté comme justice ». <u>Le mérite humain</u> (par la foi et les œuvres de la foi) est capable d'attirer Dieu qui s'était retiré.

Jean-Paul II souligne *l'ouverture totale* de Marie à la personne du Christ[5], et lorsqu'il relie

---

[5] Jean Paul II, Lettre encyclique *Redemptoris Mater,* la mère du Rédempteur, § 39

ensemble *l'intercession de Marie, sa coopération, et sa médiation maternelle.*[6]

L'Annonciation. Luc 1, 26-38

Le récit de saint Luc (Lc 1, 26-38) concerne à la fois Dieu et Marie, c'est à la fois le récit de l'Incarnation du Fils de Dieu et le récit de l'Annonciation à Marie.

L'Incarnation

Jésus ne vient pas comme un enfant conçu de manière ordinaire, mais il est Dieu qui descend, comme un prolongement du midrash où, attiré par Abraham, Dieu descend du 7° ciel au 6° ciel... Ici, attiré par la Vierge Marie, Dieu descend jusque dans son sein maternel.

Ce mouvement de descente est exprimé :
« *L'Esprit Saint **sur**viendra **sur** toi et la puissance du **Très haut** fera-ombre-**sur**-toi* » *(Lc 1,35).*

Quatre fois dans ce verset on fait référence au mouvement de descendre d'en haut. L'Esprit surviendra sur la Vierge, la puissance du Très haut, Celui qui est au-dessus de manière absolue, faire-ombre-sur : un soulignement fort qui sert à décrire la dimension transcendante, surnaturelle de l'événement.

---

[6] JEAN PAUL II, Ibid., § 21

On peut aussi y lire une nouvelle création. D'ailleurs, dans les premières chrétientés orientales, l'événement de l'Annonciation a été lu à la lumière du chapitre premier de la Genèse, comme une véritable nouvelle création. L'Esprit Saint sur Marie comme l'Esprit planait sur les eaux (Gn 1,2). Voici un extrait d'une Ode de Salomon : « L'Esprit étendit ses ailes sur le sein de la Vierge, elle conçut, enfanta et devint Mère-Vierge avec beaucoup de miséricorde » (Ode 19,6).

Dans la Bible, l'expression « Fils de Dieu » a parfois un sens faible désignant simplement un homme juste, mais cette expression a ici le sens fort désignant une personne divine. En effet, quand il est dit que l'ombre (ou la nuée) et l'Esprit Saint viennent sur Marie, Marie est identifiée au sanctuaire, à la tente de la rencontre (ou à l'arche d'Alliance) : l'Annonciation révèle la présence et donc l'Incarnation de Dieu.

Pour cela, il faut savoir qu'il y a une équivalence entre l'ombre, la nuée et l'Esprit Saint.
- Equivalence entre l'ombre et la nuée : l'image renvoie à la nuée qui recouvre de son ombre le Temple et indique ainsi la présence de Dieu. Marie apparaît comme la Tente sainte, sur qui la présence cachée de Dieu devient efficace.[7]
- Equivalence entre l'Esprit Saint et la nuée.

Dans l'Ancien Testament, la nuée est signe de la présence divine qui s'établit sur la Tente de la rencontre (Ex 40,34-35 ; Nm 9,18.22) ou guide Israël en marche

---

[7] Cf. J. RATZINGER, *La fille de Sion,* édition Parole et Silence 2002, p.56.57

dans le désert (Nm 10,36). Lorsqu'Isaïe relit ces passages de l'Exode et des Nombres, il convertit l'image de la nuée en l'Esprit du Seigneur : « L'esprit du Seigneur les guidait au repos » (Is 63, 14).

Cette équivalence entre « Esprit de Dieu » et « nuée » semble pouvoir aussi être tirée de la comparaison entre Gn 1,2 « l'esprit qui planait sur les eaux » et Jb 38,9 où il s'agit de « la nuée ».

Luc reçoit le symbolisme « Nuée / Esprit » aussi bien dans le récit de la transfiguration (Lc 9,34) que dans le récit de l'Annonciation.

« L'Esprit Saint viendra sur toi, et la puissance du Très-Haut te prendra sous son ombre; c'est pourquoi l'être saint qui naîtra sera appelé Fils de Dieu » (Lc 1,35).

Quand la nuée couvrit la Tente de la rencontre, la gloire du Seigneur, sa Shekinah remplissait le lieu (Ex 40,34-35). De même, Marie sur laquelle descend l'Esprit Saint est le lieu de la présence divine. Les titres de Jésus « saint » et « Fils de Dieu » sont donc à entendre au sens fort du terme.

L'Esprit Saint (« ruah » féminin en hébreu, « pneuma » neutre en grec) n'a pas la position d'un époux divin de Marie dans une procréation divino-humaine mythologique.

Lorsque la tradition chrétienne appelle Marie « épouse de l'Esprit Saint », c'est dans le prolongement de la thématique « Marie, Femme de l'Alliance », car Dieu (en général) est appelé « époux » par les prophètes Osée et Isaïe. Par le titre Marie « épouse de l'Esprit

Saint » on veut dire sa fidélité à la volonté du Père, son union indissoluble au Fils, sa perfection dans l'amour du Saint Esprit.

Un dialogue d'Alliance

Saint Luc décrit Marie comme une personne qui se tait, puis questionne, puis répond librement. Dieu respecte son intelligence et la liberté de son cœur. Cette dimension s'inscrit dans le droit fil de toute l'histoire biblique.

Au Sinaï : (Ex 19,7-8)
1. « Moïse alla et convoqua les anciens du peuple et leur exposa tout ce que le Seigneur lui avait ordonné,
2. et le peuple entier, d'un commun accord, répondit : "Tout ce que le Seigneur a dit, nous le ferons."
3. Moïse rapporta au Seigneur les paroles du peuple. »

A Nazareth : (Lc 1, 38)
1. « L'ange entra et lui dit [...].
2. Marie dit alors : "Je suis la servante du Seigneur; qu'il m'advienne selon ta parole !"
3. Et l'ange la quitta. »

Au Sinaï, à la voix de Dieu, transmise par Moïse, le peuple répond avec responsabilité (Ex 19,8), mais il est bouleversé, il demande même de ne pas entendre directement Dieu (Ex 20, 19). Dans les commentaires rabbiniques, le dialogue est instauré non seulement entre Dieu et Israël, mais aussi entre Dieu et les autres peuples, et seul Israël accepte ![8]

A Nazareth, à la voix de Dieu, transmise par l'ange, Marie est bouleversée puis répond avec responsabilité. A la suite de Marie, et en elle, les chrétiens disent aussi amen, oui.

(De manière générale, la dynamique de l'Alliance structure tout le processus du salut. En l'an 1547, le concile de Trente enseigne : « Lorsqu'il est dit dans la sainte Ecriture "Tournez-vous vers moi et moi je me tournerai vers vous" *Za 1,3*, notre liberté nous est rappelée ; lorsque nous répondons "Tourne-nous vers toi, Seigneur, et nous nous convertirons" *Lm 5,21*, nous reconnaissons que la grâce de Dieu nous prévient »[9])

Hommes et femmes

L'Alliance au Sinaï était adressée aux hommes et aux femmes : « Le Père de l'univers proclama les dix paroles et oracles… alors que la nation, hommes et femmes ensemble, s'était réunie en assemblée. »[10]

Au début de la nouvelle Alliance, un homme et une femme sont interpellés. Nous venons de lire l'annonce à Marie (Lc 1, 26-38) qui est une Alliance. Il y a aussi l'annonce à Joseph (Mt 1, 18-25), ce Joseph qui pensait d'abord à se séparer de Marie jusqu'au jour où l'ange lui révèle la mission qui lui est réservée.

---

[8] EXODE RABBA., 42,9
[9] CONCILE DE TRENTE, *Décret sur la justification*, Denzinger § 1525
[10] PHILON D'ALEXANDRIE, *De decalogo*, 32

Grâce donc au « oui » d'une femme (Marie) et au « oui » d'un homme (Joseph) Dieu réalise la Nouvelle Alliance : le fils du Très Haut, le Verbe divin revêt notre chair pour devenir, de la façon la plus sublime, l'Emmanuel-Dieu avec nous, et être désigné comme le fils de Marie (Mc 6,3) ou le fils de Joseph (Jn 1,45).

Sur cette ligne, Jean Paul II écrivit le 15 août 1988 au sujet de Marie : « au début de la Nouvelle *Alliance*, qui doit être éternelle et irrévocable, il y a une femme : la Vierge de Nazareth »[11].

Et au sujet de Joseph, le 15 août 1989 : « L'homme juste [Joseph], qui portait en lui tout le patrimoine de l'antique alliance, a été lui aussi introduit au début de la nouvelle et éternelle *Alliance*, en Jésus-Christ »[12].

Annonciation – Sinaï - Genèse

L'Alliance conclue sur le mont Sinaï (Exode 19) fut comme la naissance d'Israël en tant que peuple de Dieu. Elle apparut comme l'archétype de la Genèse même du genre humain aux origines du monde[13], fondée sur un code d'Alliance[14].

---

[11] JEAN PAUL II, *Lettre apostolique « Mulieris dignitatem »* (15 août 1988)
[12] JEAN PAUL II, *Lettre apostolique « Redemptoris Custos »* § 32 (15 août 1989)
[13] J. BERNARD, *Genèse 1-3 : Lecture et traditions de lectures,* dans Mélanges de science religieuse (1984), n°3-4, p. 109-128 ; (1986) Ibid., n°1, p. 3-55.
[14] C'est pourquoi le commandement donné au jardin de la Genèse

Dans le jardin de la Genèse, Dieu créa l'humanité (représentée par Adam et Eve) pour un pacte d'amitié. Mais après le Sinaï il y eut le péché du veau d'or ; après l'Alliance dans le jardin de la Genèse, Adam et Eve désobéirent et leur rapport, auparavant harmonieux, se disjoint (Gn 3).

Au Sinaï, comme dans la Genèse, hommes et femmes sont concernés ensemble, c'est pourquoi nous contemplons Marie et Joseph.

Joseph est juste (Mt 1,19) et Marie est l'humble servante du Seigneur (Lc 1,48) et ils « accomplissent la loi du Seigneur » (Lc 2,23), c'est-à-dire la Torah donnée au Sinaï, le commandement donné au jardin de la Genèse.

Sur la base de leur union avec Dieu, Joseph et Marie vécurent vraiment comme une seule personne (Gn 2,24), par leur Oui de croyants, ils accomplissent non seulement l'Alliance du Sinaï mais aussi l'harmonie originelle du jardin de la Création.

Mieux, alors qu'à la Genèse Dieu avait promis que la descendance de la femme écraserait le serpent (Gn 3, 15), nous voyons cette promesse s'accomplir en Marie, mère de Dieu.

---

est à comprendre dans le sens des commandements contemporains à la première rédaction de Genèse 2-3, notamment l'interdiction de l'occultisme et de la magie, l'interdiction de l'inceste et des crimes (Exode 20, 22 et suivants). Ce commandement est ensuite à mettre en parallèle avec toute la Torah (écrite et orale) donnée au Sinaï.

Purifiés

Dans le livre de l'Exode, juste avant la première Alliance, les Hébreux eurent à se laver, à être purifiés, avant de pouvoir donner leur Oui à Dieu (Ex 19, 10.14).

A partir de ce passage de l'Ecriture, la tradition juive dit constamment que Dieu purifia son peuple de toute faute et de toute infirmité, afin qu'il soit prêt à prononcer son « Oui » au Sinaï. Au temps du Christ, Philon d'Alexandrie[15] dit qu'au désert les Israélites se purifièrent des péchés commis en Egypte et portèrent au Sinaï des vêtements d'une candeur incomparable, reflets de leurs esprits renouvelés.

Au 2ème siècle, une autre tradition[16] dit que l'assemblée au Sinaï était comme une épouse devant laquelle l'époux s'exclame : « Tu es toute belle mon amie, et il n'y aucune tache en toi ! » (Ct 4,7). Pour le Talmud Babylonien[17], au Sinaï, le peuple fut délivré de son incontinence sexuelle, et tout était comme si le monde fût revenu à l'innocence des origines[18].

Saint Luc fait écho à la tradition juive : « Réjouis-toi, comblée de grâce [grec : Kécharitoméné] » (Lc 1, 28). Kécharitoméné est un parfait passif : il dit une action accomplie. Marie est déjà comblée de grâce.

---

[15] PHILON, *Du Décalogue* 10.45
[16] Attribuée à Rabbi Siméon ben Jochai († 150 environ après J-C) cf. Cantique Rabba 4,7.1
[17] Tradition de la synagogue écrite entre 500 et 750 après J-C.
[18] Shabbat 145b-146a ; Yebamoth 103b (Rabbi Yochanan † 279, qui semble se faire le porte-parole de Rabbi Siméon ben Yochai, vers 150)

La tradition chrétienne a compris que Marie a été préparée en vue de pouvoir donner son Oui à Dieu, « sans que nul péché ne la retienne » (Vatican II, Lumen gentium 56), Marie est immaculée pour être capable de vivre l'Alliance et que son consentement à l'Annonciation jaillisse libre et joyeux.

Comparaison avec le Coran
Dans le Coran, la sourate 19 semble, à première vue, très proche du récit évangélique[19], mais en réalité, un abîme les sépare :
- L'ange Gabriel du Coran ressemble à un "homme parfait".
- L'enfant conçu est simplement un "garçon pur".
- Aucun consentement n'est attendu de la part de Marie, "le décret est irrévocable" (pas de théologie d'Alliance).
- Le Verbe incarné (Jésus) n'est pas une échelle parallèle au « Verbe-Coran » (livre sacralisé).
- La miséricorde de Dieu en Jésus-Christ incarné offre une réelle communication avec Dieu – « moi en eux et toi en moi » (Jn 17, 23). Au contraire, dans le

---

[19] « Nous lui avons envoyé notre Esprit : il se présenta devant elle sous la forme d'une homme parfait (il s'agit de Gabriel).
Elle dit : "Je cherche une protection contre toi, auprès du Miséricordieux ; si toutefois tu crains Dieu !".
Il dit : "Je ne suis que l'envoyé de ton Seigneur pour te donner un garçon pur". Elle dit : "Comment aurais-je un garçon ? Aucun mortel ne m'a jamais touchée et je ne suis pas une prostituée".
Il dit : "C'est ainsi : Ton Seigneur a dit : "Cela m'est facile". Nous ferons de lui un Signe pour les hommes ; une miséricorde venue de nous. Le décret est irrévocable. » (Coran 19, 17b-21).

Coran, la prétendue miséricorde laisse Dieu impénétrable (Allah est « al Samad »), inaccessible.

Avec saint Ignace de Loyola. Tout en restant proche du texte biblique, nous pouvons prolonger par une brève méditation spirituelle, prise dans les *Exercices* de saint Ignace de Loyola, 2° semaine…

1er exercice.
1° point : considérer l'état du genre humain avant l'Incarnation /…/ Les hommes vivaient dans un oubli profond de leur fin dernière… Les démons avaient des autels chez tous les peuples.

2° point : Considérer le dessein du Verbe éternel dans l'Incarnation : son dessein est de réparer la gloire de son Père en ramenant l'homme à sa fin, c'est-à-dire à la connaissance, à l'amour et au service de Dieu…

3° point : Considérer comment s'accomplit l'incarnation du Verbe.
- Dans le sein d'une vierge. /…/ Apprenez la nécessité et le prix de la pureté.
- Dans le sein d'une mère pauvre /…/ Apprenez la nécessité et le prix du détachement.
- Un Dieu qui fait dépendre son incarnation du consentement de sa créature. Apprenez la dignité et la puissance de Marie /…/

2ème exercice.

Se représenter Nazareth et l'humble maison de Marie. Contempler les personnes. La charité des trois personnes divines / le respect de l'ange / Marie, son amour de la virginité, son humilité et son obéissance à la volonté du ciel. /.../

Colloque.
Adorer la charité infinie de ce Dieu qui daigne sauver les hommes malgré leur indignité et leur ingratitude... Rendez grâce au Verbe incarné... Adressez-vous à Marie, et priez-la de vous obtenir la grâce d'un tendre amour et d'une fidèle imitation de son fils.

La Visitation. Luc 1, 39-56

L'ange ayant donné à Marie un signe : sa parente Elisabeth, que l'on appelait stérile, est enceinte. Marie fait alors le voyage depuis Nazareth jusque chez Elisabeth à Ain Karem, près de Jérusalem.
Observer :
✓ Les acteurs : les mères (Marie et Elisabeth) + les embryons (Jésus et Jean-Baptiste) + l'Esprit Saint.
✓ Les verbes : Lc 1, 41 : « il advint ». Il ne s'agit pas seulement de salutations. Un évènement advient. C'est une effusion de l'Esprit Saint sur Jean-Baptiste et sur Elisabeth.
✓ La 1° phrase d'Elisabeth : « Bénie es-tu entre les femmes, et béni le fruit de ton sein! » - phrase reprise dans le « Je vous salue Marie ».

- ✓ La 2° phrase d'Elisabeth Lc 1, 42 : « Comment m'est-il donné que la mère de mon Seigneur vienne jusqu'à moi ? »
- ✓ La 3° phrase d'Elisabeth : « Bienheureuse celle qui a cru… »
- ✓ Le Magnificat de Marie.

Marie arche d'Alliance

Nous allons découvrir que saint Luc a voulu nous décrire Marie comme étant l'arche d'Alliance. L'arche d'Alliance était le lieu de la présence divine : le parallèle nous conduit donc à la stupeur et à l'émerveillement devant Marie comme Mère de Dieu. De plus, l'arche d'Alliance contenait les tables de la loi et la manne : Marie porte le Verbe incarné, le pain de la vraie vie, la nouvelle manne, le Christ.

Déjà à l'Annonciation, saint Luc a décrit l'Esprit Saint recouvrant Marie de son ombre (Lc 1,35), elle est couverte de toute part des feux de l'Esprit comme l'Arche d'alliance était couverte d'or et enveloppée de la nuée, la gloire de Dieu.

Le récit de la visite de Marie chez Elisabeth en Lc 1,39-44.56 semble modelé sur celui de 2 Sam 6,2-16, qui raconte le transport de l'arche de l'alliance[20] :
- Le voyage de l'arche et celui de Marie se déroulent dans la région de Judas (2 Sam 6,1-2 et Lc 1,39).
- La joie déborde : celle du peuple et de David dansant devant l'arche, celle de Jean Baptiste qui tressaille dans le sein maternel.

---

[20] A.SERRA, *"Madre di Dio"*, *Nuovo dizionario di mariologia*, a cura di de Fiores, ed. san Paolo 1985, p.728-729

- David comme Elisabeth lancent un cri de joie : « Elisabeth fut remplie d'Esprit Saint, s'exclama à forte voix (anaphonéô)... » (Lc 1,42) - le verbe grec "anaphonéo" est utilisé par les Septante exclusivement pour les acclamations liturgiques (1 Chr 16,4 ;5.42) et spécialement celles qui accompagnent le transport de l'arche de l'alliance (1 Chr 15,28 ; 2 Chr 5,13).
- La présence de l'arche dans la maison d'Obed Edom (1 Sam 6,10.11) et la présence de Marie dans la maison de Zacharie sont des motifs de bénédiction : "Le Seigneur bénit Obed Edom et toute sa maison... à cause de l'arche de Dieu" (2 Sam 6,11.12) - Dès qu'Elisabeth eut entendu la salutation de Marie, l'enfant tressaillit en son sein et Elisabeth « fut remplie de l'Esprit Saint » (Lc 1,40-44).
- Une sainte crainte pénètre David et Elisabeth. David dit : « Comment pourrait venir chez moi l'arche du Seigneur ? » (2 Sam 6,9). « Elisabeth... s'exclama... Comment m'est-il donné que la mère de mon Seigneur vienne jusqu'à moi ? » (Lc 1,43).

L'arche d'Alliance était le lieu de la présence divine. Par le parallélisme entre « l'arche du Seigneur » et « la mère de mon Seigneur », l'Eglise primitive traduisait son émerveillement et sa stupeur devant la maternité divine de Marie.

« Ayant entendu la salutation de Marie et le tressaillement de l'enfant dans son sein, Elisabeth est remplie de l'Esprit Saint, elle se trouve à l'improviste en présence même du Seigneur, et fait résonner devant Marie, qui porte le Fils de Dieu, l'acclamation joyeuse, qui est une action de grâce et une louange à Dieu seul. Elle a vu en Marie celle qui amène la sainte présence, et ne peut pas retenir ce grand cri d'extase qui caractérise l'apparition de l'arche, lieu de la présence du Seigneur. »[21]

- L'arche stationna dans la maison d'Obed-Edom trois mois (2 Sam 6,11) tandis que Marie resta avec sa parente « environ trois mois » (Lc 1,56).

Le Magnificat. Luc 1, 46-55

[46] Marie dit alors :
Mon âme exalte le Seigneur,
[47] et mon esprit tressaille de joie en Dieu mon sauveur
[48] **parce** (grec : 'oti) qu'il a jeté les yeux sur l'abaissement de sa <u>servante</u>. Oui, désormais toutes les générations me diront bienheureuse,
[49] **car** (grec : 'oti) le TOUT-PUISSANT A FAIT pour moi de grandes choses Saint est son nom,
[50] **et** (grec : kai) SA **MISERICORDE** s'étend d'âge en âge sur <u>ceux qui le craignent.</u>
[51] Il a déployé la FORCE DE SON BRAS,
il a dispersé les hommes au *cœur superbe.*
[52] Il a renversé les *POTENTATS* de leurs trônes et élevé <u>*les humbles*</u>,
[53] Il a comblé de biens les *affamés*
et renvoyé les *riches* les mains *vides.*
[54] Il est venu en aide à Israël, <u>son serviteur,</u> se souvenant de **sa miséricorde,**
[55] selon qu'il l'avait annoncé à nos pères en faveur d'Abraham et de sa postérité à jamais !

---

[21] M.THURIAN, *Maria Madre del Signore, immagine della Chiesa,* Morcelliana, Brescia 1980, p.64

Le Magnificat est une louange de Dieu :
Marie loue Dieu, le Père. Elle exulte. Elle exalte Dieu pour l'œuvre ineffable de l'Incarnation.

Cette louange fait du Magnificat une prière puissante.

(De manière générale, rappelons la puissance de la louange dans le combat spirituel, et cela dès l'Ancien Testament : le psautier s'achève en demandant à toutes les créatures de louer Dieu, chassant ainsi les démons qui, eux, ne veulent pas louer ! Par ailleurs, de nombreux psaumes disent « qui est grand comme le Seigneur ? », ou, « qui est comme toi, Seigneur ? » ces expressions correspondent au nom de l'archange saint Michel dont le nom signifie « qui est comme Dieu ? », ce nom, reflétant l'identité profonde de saint Michel, fait de lui l'ange des grandes victoires spirituelles, que nous pouvons naturellement associer à Marie !)

Le Magnificat a un arrière-plan biblique :
1. Le Cantique de Miriam, sœur de Myriam, qui est un chant de libération au moment de la sortie d'Egypte (Ex 15, 21[22]) ;
2. Le cantique d'Anne, qui est le chant d'une femme longtemps stérile qui devient mère (1Sam 2, 1-10) ;
3. De nombreux psaumes…

La miséricorde est au centre du Magnificat :

---

[22] "Chantez pour le Seigneur car il s'est couvert de gloire, il a jeté à la mer cheval et cavalier." (Ex 15, 21)

Après l'Annonciation, Marie chante l'incarnation comme une miséricorde de Dieu.
Le mot « miséricorde » est situé :
- Au centre : Luc 1, 50, à la charnière entre une première partie qui concerne Marie et l'incarnation, et une seconde partie qui concerne l'histoire du monde.
- A la fin : Luc 1, 54, comme conclusion.

La dialectique du Magnificat n'est pas celle de Karl Marx :
Les versets 51, 52, 53 fonctionnent pas opposition. Mais il ne suffit pas d'être pauvre pour être l'objet de la prédilection divine. Les pauvres qui sont élevés sont ceux qui servent Dieu dans l'humilité et la crainte, c'est-à-dire dans le désir de correspondre à sa grâce. Les riches qui sont renversés sont ceux qui usurpent la force du Tout-Puissant, ils sont superbes et vides.

L'attitude de Marie est une louange de Dieu (le Père). Elle s'inscrit dans l'histoire du salut, dans l'histoire du monde.

Noël. Luc 2, 1-20

Saint Ignace de Loyola invite à « supposer que vous êtes dans la crèche à côté de la sainte famille pour la contempler... pour la servir... » (2° semaine).

Nous observons :

Le signe donné – un nouveau-né « enveloppé de lange » signifie la tendresse et la sollicitude de ses parents.

La mangeoire permet une prémonition sur Jésus comme Pain de vie, prémonition qui n'est compréhensible qu'après Pâques.

L'Amour incommensurable de Dieu : le Fils de Dieu veut que ses parents obéissent à l'édit d'Auguste, dicté par l'orgueil, et à cause de cela, il manque de tout, dans le froid… Et tout cela pour moi !

L'ouverture totale à Dieu, l'abandon complet à Dieu : Joseph et Marie font le voyage, ils acceptent d'être rebutés par la tribu de David, et d'aller dans une étable, ils accueillent les bergers et leur témoignage concernant les anges. Contempler le recueillement de Joseph, la douceur de Marie…

La joie de Noël… L'ange de Noël annonce « une grande joie ». Les bergers s'ouvrent au message des anges, et ils s'ouvrent à la joie du ciel. Ils contemplent la beauté divine de l'enfant Jésus.

La lumière et l'amour : Les bergers repartent en annonçant les merveilles de Dieu, ils sont devenus porteurs de la lumière et l'amour de Dieu.

Le lien entre Noël et la Résurrection :

Le chant des anges, raconté par les bergers, annonce aussi bien la gloire de Dieu que la future « gloire » du « Seigneur » Jésus, au-delà de la mort.

Les bergers repartent en annonçant les merveilles de Dieu, comme les apôtres après la résurrection…

Enfin, après la résurrection, les disciples ayant constaté que Jésus était sorti du tombeau scellé et entrait dans le cénacle aux portes verrouillées ont pu méditer sur la naissance de Jésus.

« Il est connu que quelques Pères de l'Église établissent un parallélisme significatif entre la génération de Christ *ex intacta Virgine* et sa résurrection *ex intacto sepulcro*. /.../ Entre les deux événements salvateurs - le génération-naissance du Christ et sa résurrection d'entre les morts - il existe un rapport intrinsèque qui répond à un plan précis de Dieu : <u>un lien que l'Église, guidée par l'Esprit, a découvert, mais n'a pas créé.</u> /.../ [on voit aussi un rapport entre] les bandes de la crèche (Lc 2, 7s) et les bandes du sépulcre (Lc 23,53 ; 24,12). » (Jean-Paul II, Allocution à Capoue, 1992)

La présentation de Jésus au temple. Luc 2, 21-35

Saint Luc semble tout d'abord évoquer l'obéissance de la sainte famille aux lois juives. En soi, c'est déjà remarquable : Jésus est Dieu, il est le créateur, le législateur, et il obéit aux lois et aux coutumes : ils voient dans ces lois l'expression de la volonté du Père. Accomplir la volonté divine, c'est s'unir à la puissance de Dieu créateur, à sa fécondité.

Ceci étant dit, si l'on observe de plus près le récit et que l'on recherche à voir à quelles lois juives ils se réfèrent, on peut être grandement surpris, et il apparaît que saint Luc veut nous dire quelque chose de plus, quelque chose qui est un peu caché sous les apparences.

1. La circoncision. Selon la loi (Lv 12,3), ce précepte fut accompli huit jours après la naissance. Dans cette circonstance fut donné à l'enfant le nom de "Jésus" (Lc 2,21) déjà indiqué par l'ange Gabriel (Lc 1,31). Ce rite ne nécessite pas de monter à Jérusalem.
2. Le rachat. Le rachat concerne les Juifs aînés de sexe masculin. En effet chaque fils premier-né devait être consacré au Seigneur, en mémoire du fait que Dieu avait fait périr les premier-nés des Egyptiens (Ex 13,1-2.11-12.14-16; Nm 8,16-17). Cependant seuls les lévites restaient au service du Seigneur (Lv 8,16-18), les aînés des autres tribus étaient rachetés à l'âge d'un mois,

en payant cinq sicles (Ex 13,13; Nm 18,15-16) au lévite, dans la localité.
3. La purification. Cette loi concernait exclusivement la mère. Si elle avait donné naissance à un garçon, elle contractait l'impureté juridique pour quarante jours, à la fin desquels elle devait se présenter au prêtre au sanctuaire, pour être déclarée purifiée par un rite expiatoire. Dans ce but, elle devait offrir au prêtre un agneau d'un an pour l'holocauste et une colombe ou une tourterelle en sacrifice d'expiation. Si elle n'était pas capable de présenter un agneau, elle pouvait le remplacer par une paire de tourterelles ou une paire de colombes, un pour l'holocauste et l'autre pour le sacrifice (Lv 12; cf 5,7).

Le récit de saint Luc rappelle à part la circoncision de l'enfant (Lc 2,21). Puis il semble associer les deux moments du rachat et de la purification (Lc 2, 22-24). Marie et Joseph sont donc présentés comme obéissant à la loi, mais le texte pose question et semble indiquer beaucoup plus, en effet :
- Ni le rachat ni la purification de la mère ne nécessitaient que la sainte famille vienne au temple. Il y a donc un surcroît de piété de la part de la sainte famille, un acte gratuit qui dépasse ce que la loi demande.
- Saint Luc 2,22-38 ne s'intéresse pas en premier lieu à la purification de Marie puisqu'il ne dit pas « pour *sa* purification » mais « pour *leur* purification ».

- Le texte ne s'intéresse pas non plus d'abord à la cérémonie du rachat du premier-né puisqu'il ne mentionne pas les cinq sicles demandés par la loi (Nm 18,16).
- Saint Luc pourrait s'être inspiré à l'histoire de Samuel présenté au sanctuaire après avoir été conçu miraculeusement (1 Sam 1,19-28). Et Samuel « grandissait en taille et en bonté devant le Seigneur et devant les hommes » (1 Sam 2,26) ; « l'enfant [Jésus] il grandissait et il se fortifiait, plein de sagesse, et la grâce de Dieu était sur lui » (Lc 2,40). On relève cependant une divergence considérable entre les deux : Elcana et Anne repartent et laissent Samuel au service du sanctuaire (1 Sam 2,11), Joseph et Marie repartent avec l'enfant (Lc 2,39-40).

Tout cela indique que saint Luc ne s'intéresse pas en premier lieu à la purification de Marie ni à la cérémonie du rachat du premier-né mais à la « présentation de l'enfant » pour « *leur* purification ». Saint Luc s'intéresse à « *leur* purification » (Lc 2,22), c'est-à-dire la « délivrance de Jérusalem », la rédemption d'Israël (Lc 2,38). Il y a une sorte d'inclusion : au début (Lc 2, 22), on parle de « leur purification » et, à la fin (Lc 2, 38), la même idée réapparaît dans la « rédemption de Jérusalem » (Jérusalem représente tout Israël).[23]

---

[23] D'autres arguments renforcent cette lecture : Quand Jésus enseigne dans "leurs synagogues" (Mc 1,39 [cf Lc 4,44]; Mt 4,23; 9,35; 10,17; 13,54), « leur » se réfèrent aux habitants de la Judée. Le thème de la purification est annoncé aussi par Malachie 3, « Il s'assiéra pour fondre et purifier ; il *purifiera les fils de Lévi*... », or

Au Sinaï, avant de rencontrer Dieu et de vivre l'Alliance, le peuple devait se purifier, laver ses vêtements (Ex 19, 10.14). Avant d'entrer dans cette nouvelle Alliance, offerte dans l'Incarnation du Fils de Dieu, le peuple d'Israël doit aussi être purifié.

Et en effet, Israël peut très bien être comparé à un nazir dès lors que c'est un peuple consacré au Seigneur.[24] Mais voilà, et tous les prophètes le savent, Israël a péché, et il est endurci. L'offrande de la sainte famille pourrait alors être rapprochée de l'offrande pour la purification d'un nazir qui aurait été rendu infidèle à son vœu par le contact avec un mort. Il faut alors, demande la loi, offrir un couple de colombes, l'une en sacrifice pour le péché, l'autre en holocauste, et un agneau d'un an en sacrifice de réparation (Nm 6, 9-12).

Pour que l'offrande pour la purification du nazir-Israël soit parfaite, il faudrait voir en Jésus l'Agneau du sacrifice à côté du couple de colombes. Saint Luc passerait donc du niveau réel au niveau symbolique. Joseph et Marie pourraient aussi être le couple de colombes, puisqu'ils montent à Jérusalem dans un acte offrande spirituelle au Seigneur. A l'attitude intérieure de Marie, la servante qui se donne elle-même, se joint l'attitude de Joseph.

Malachie est un des textes prophétiques dont Luc 1-2 s'inspire : Ml 2,6// Lc 1,17 ; Ml 3,20 //Lc, 78.

[24] « Tu es un peuple consacré au Seigneur ton Dieu; c'est toi que le Seigneur ton Dieu a choisi pour son peuple à lui, parmi toutes les nations qui sont sur la terre. » (Dt 7.6, cf. 14,2 ; 14,21 ; 26,19 ; Ez 44,19)

Le récit de Luc fait allusion au 2° Isaïe, et aux « poèmes du Serviteur ». Siméon annonce que Jésus sera « lumière des nations » (Lc 2, 29-32, cf. Is 42,6 et 49,6). La référence au Serviteur implique toute la mission du Serviteur, qui aussi Serviteur souffrant. *« Je t'ai façonné et donné comme alliance du peuple, comme lumière des nations »* (Is 42,6). Le Magnificat de Marie expose à sa façon « le droit », que ce soit pour tous les hommes ou pour Israël en particulier (Lc 1, 46-56). La réalisation du plan de salut dépend de la libre acceptation par le Serviteur, c'est ce que suggère le « si » (Is 53,10 : « S'il offre sa vie… », « s'il fait de sa vie un sacrifice ». C'est dans cette perspective biblique que Marie entend les autres paroles de Siméon :

« Et toi-même [Marie] une épée te transpercera l'âme ! » (Lc 2, 35). L'image de l'épée est dans la Bible d'abord une image de la Parole de Dieu[25], elle est aussi le signe d'une séparation, y compris entre les membres d'une même famille (Mt 10, 34-36), mais ce n'est que plus tard que la tradition chrétienne a fait le rapprochement avec la Passion.

Jésus sera « un signe en butte à la contradiction » (Lc 2, 34) : Marie s'entend dire que Jésus aura des opposants, et ceci par un vieillard qui multiplie les allusions au prophète Isaïe. Nous pouvons penser que Marie prend conscience que son Fils aura le destin du Serviteur souffrant du livre d'Isaïe, un destin de souffrance et de mort (Is 53, 8-9) mais aussi de glorification et de lumière (Is 53, 10-12).

---

[25] Is 49, 2 ; Sg 18, 15 ; Eph 6, 17 ; Ap 1, 16

La tradition de l'Eglise, venant après la passion et la résurrection de Jésus, superpose les étapes et lit dans cet épisode une offrande de Jésus en vue de la croix pour la rédemption de toute l'humanité.

Jésus perdu et retrouvé au Temple.
Luc 2, 41-52

Joseph et Marie étaient justes. Ils accomplissaient la loi du Seigneur, (comme selon saint Matthieu, Joseph a suivi les indications de l'ange de Dieu. Dieu semblait répondre : ils avaient été protégés de la furie d'Hérode, le voyage en Egypte et le retour se sont bien passés). Tout ce passe un peu comme au début de l'histoire d'Israël, quand Dieu répond à la fidélité du peuple en lui donnant le bonheur. Or, voici qu'un épisode fait quitter ces repères rassurants mais trop limités.

L'enfant a douze ans, il est sain intérieurement, il est obéissant et il accomplit ses devoirs en tant que fils et en tant que membre de la caravane, sans qu'il faille le lui répéter. D'autre part, le pèlerinage renforce l'esprit communautaire et tous prennent soin de tous. Ainsi, Marie et Joseph peuvent être sereins et ne pas se soucier de Jésus avant le soir. Mais Jésus est absent.

Jésus n'a pas suivi son groupe. Il reste assis au milieu des docteurs. Jésus n'est pas debout dans la hâte et le scrupule, entre deux devoirs qui seraient en conflit entre eux. Jésus s'assied, royalement convaincu d'être dans la volonté de Dieu, mais aussi sans se préoccuper de ses parents. Or les parents ont cherché Jésus longtemps !

« A sa vue, ils furent saisis d'émotion et sa mère lui dit : "mon enfant, pourquoi nous as-tu fait cela ? Vois, ton père et moi, nous te cherchons angoissés." » (Lc 2, 48)

Dans l'Alliance, rien n'est dû. Tout est reçu. L'enfant leur a échappé... Dieu demeure insaisissable. C'était déjà le grand enseignement des prophètes bibliques, de ceux qui avaient vécu l'Exil. Marie questionne Dieu, comme jadis les prophètes questionnaient Dieu. Il est beau aussi de voir que Marie se soucie d'abord de la souffrance de Joseph. Il y a de l'angoisse en Marie, mais elle ne bloque pas toute relation, toute prière et toute réflexion.

Jadis, Job questionnait Dieu et engageait un débat. « Pourquoi caches-tu ta face et me considères-tu comme ton ennemi ? » (Jb 13, 22-24) Dieu avait accepté l'attitude de Job. Dieu en répond cependant pas aux questions sur la souffrance, ce n'était pas l'essentiel, mais il s'est manifesté : « [...] Maintenant mes yeux t'ont vu » (Jb 42, 5). Et qu'en est-il de Joseph et Marie ? « Ils ne comprirent pas la parole qu'il venait de leur dire » (Lc 2,50). Comme Job, Joseph et Marie n'ont pas d'explications concernant le sens de leur souffrance. Mais ils ont le plus important, ils voient Dieu, ils sont dans la présence de Jésus. « Il redescendit alors *avec eux* et revint à Nazareth ; et il leur était soumis » (Lc 2, 51).

Marie retrouve son fils, là-haut, à Jérusalem (qui est à 900 mètre d'altitude environ), sur le mont du temple, au milieu des docteurs.

Le moment de la révélation serait-il arrivé ? Oui et non.

✓ Non, parce que Joseph et Marie « ne comprirent pas » (Lc 2, 50).
✓ Oui, car Jésus se manifeste Sagesse et Fils du Père.
- Sagesse. Jésus est la Sagesse éternelle et incarnée. Jésus révèle la Sagesse divine en interrogeant, en écoutant, en parlant. Et les scribes sont émerveillés.
- Fils du Père, « aux affaires de mon Père ». Marie et Joseph savaient de qui ils étaient les parents, mais leur manière d'être parents change. Une étape est franchie.

Enfin, Dieu prépare Marie à sa mission future. Marie n'a pas été debout au calvaire sans préparations, et cet épisode en est une.

Les parents de Jésus le retrouvent donc après trois jours[26] (Lc 2,46), dans le temple, et Jésus explique qu'il « devait » être à la maison de son Père (Lc 2, 49). Plus tard, Jésus annoncera qu'il « doit » souffrir sa passion et ressusciter le « troisième jour »[27].

Marie et Joseph ne comprirent pas ce que Jésus leur avait dit (Lc 2,50), tout comme les disciples ne

---

[26] La formule « après trois jours » est équivalente à la formule « le troisième jour » ; elle se réfère au jour où Dieu fait grâce, comme lors du sacrifice d'Isaac, ou encore lors de l'événement du Sinaï...
[27] Lc 9, 22 ; 24, 7.26.44.46

comprendront pas le discours de Jésus sur sa Passion (Lc 9,45). Mais tandis que les disciples auront peur de revenir sur la question, « Sa mère gardait fidèlement toutes ces choses en son cœur » (Lc 2,51), jusqu'à ce que les choses s'éclairent.

Pour Marie, les paroles de Jésus résonnent : même obscurément, elle les croit possibles. C'est ainsi qu'elle est spirituellement préparée à tenir debout au pied de la croix, et à accueillir ensuite la résurrection.

Marie pouvait ressentir cet épisode (Lc 2, 41-52) comme un *présage* pascal.

Quand Jésus enseignera les foules dans le temple, les prêtres, les scribes et les notables en feront un prétexte pour le condamner à mort (Lc 19,47-48).

Joseph et Marie sont « angoissés », et ils le « cherchent » (Lc 2, 44-48). De même, au temps de la passion, les disciples pleureront (Lc 24,17) et le chercheront (Lc 24,5). Marie se souviendra... L'épisode joue comme préparation et comme prémonition.

Quand Marie verra Jésus adulte monter à Jérusalem, au lieu où est offert l'agneau pascal de la Pâque juive, elle se souviendra que Jésus à douze ans est resté au temple jusqu'à la fin de la fête de la Pâque (Lc 2,43), et que, sans doute, il faudra un jour attendre aussi jusqu'à la fin de cette fête de Pâque pour que s'accomplisse le dessein de Dieu.

Actes des apôtres

Au cénacle avant la Pentecôte :
« Les disciples étaient assidus et unis dans la prière, avec quelques femmes et avec Marie, la mère de Jésus et avec ses frères » (Ac 1,14).

Marie, qui gardait et méditait tout dans son cœur (Lc 2, 52) va aider les disciples dans leur méditation, et cette méditation conduit à la Sagesse de l'Esprit Saint, elle ouvre au feu de l'Esprit Saint.

« La foi de Marie, […] *cette foi* héroïque, *"précède" le témoignage* apostolique de l'Eglise et demeure au cœur de l'Eglise, *cachée* comme un héritage spécial de la révélation de Dieu. Tous ceux qui participent à cet héritage mystérieux de génération en génération, acceptant le témoignage apostolique de l'Eglise, *participent, en un sens, à la foi de Marie.* »[28]

A la Pentecôte :
Il faut se souvenir des courants du judaïsme, et de la grande différence entre un courant qui n'attend qu'un rappel du Sinaï interprété par la majorité du sanhédrin, et un courant qui attend une « ouverture du ciel ». Pour certains Juifs, la fête de Pentecôte était vécue comme une simple répétition du Sinaï, en célébrant la joie de la Torah donnée dans le passé, pour d'autres, cette fête devait être un renouvellement de l'Alliance. Les disciples de Jésus vont vivre la

---

[28] JEAN PAUL II, Lettre encyclique *Redemptoris Mater* § 27

Pentecôte comme une ouverture du ciel, un don de l'Esprit Saint.

La Vierge Marie, qui accueillit l'Esprit Saint pour l'Incarnation du Fils de Dieu est celle qui accompagne l'Eglise dans l'accueil de l'Esprit Saint pour la naissance de l'Eglise.

<ins>Les Actes des apôtres prolongent l'évangile de Luc.</ins>
- ✓ Dans les premiers chapitres de l'Evangile de saint Luc, est présent un couple, Marie et Joseph, parents virginaux de Jésus conçu par l'Esprit Saint.
- ✓ Dans les premiers chapitres des Actes des Apôtres, est présent un autre couple, Ananie et Saphire, deux baptisés qui commettent le péché contre l'Esprit Saint (Ac 5, 2.8). Luc nous met sur la piste d'une analogie avec la faute originelle (Gn 3) : on y retrouve en effet, la destruction de l'harmonie, la figure de Satan, l'origine de la faute située dans un couple, le mensonge à Dieu, l'expulsion finale. C'est un délit d'argent (comme la trahison de Judas). Luc veut faire savoir à ses lecteurs que "le péché originel en Eglise" est un péché d'argent. Mammon (Lc 16, 13) destructeur de la vie, est aussi destructeur de l'Eglise.

Puisse l'Eglise se souvenir du couple Joseph et Marie, car Dieu « a comblé de biens les affamés et renvoyé les riches les mains vides » (Luc 1, 53).

Matthieu 1-2

La généalogie.

La généalogie commence en disant « Abraham engendra Isaac... » et termine en disant : « Jacob engendra Joseph, l'époux de Marie de [*grec:* « 'ek »] laquelle fut engendré Jésus, que l'on appelle Christ (ou Messie) » (Mt 1, 16).

La forme passive « de laquelle fut engendré » constitue une rupture dans la généalogie ; le manque de complément d'agent peut être considéré sans difficulté comme un sous-entendu de l'action divine. La fonction maternelle est accomplie par Marie, et indiquée avec une préposition identique à celle qui est utilisée pour les autres femmes de la généalogie.

Le silence de Marie.

Pendant la perplexité de saint Joseph devant la grossesse inexpliquée, la Vierge avait gardé le silence. Elle se trouvait donc un certain temps incomprise et donc dans le risque de perdre son mari, son honneur, et peut-être sa vie et celle de l'enfant (bien que les Juifs sous l'occupation romaine n'avaient pas le droit de mettre à mort).

Le silence de Marie semble proclamer que Dieu sait se défendre lui-même : Marie n'a pas à compter ses arguments, tout comme David n'avait pas à recenser son royaume (2 Sam 24,10). De même, à l'heure de la Passion, Marie gardera le silence, proclamant que Dieu sait se défendre lui-même.

L'Annonciation à Joseph (Mt 1, 18-25).
« "Joseph, fils de David, ne crains pas de prendre chez toi Marie, ta femme : car ce qui a été engendré en elle vient de l'Esprit Saint ; [21] elle enfantera un fils, et tu l'appelleras du nom de Jésus : car c'est lui qui sauvera son peuple de ses péchés." » (Mt 1, 20-21)

- *L'expression "son peuple" est très forte (Mt 1,21)*. Si dans la première alliance le peuple était exclusivement celui du Seigneur Dieu, YHWH, au temps de la nouvelle alliance il appartient en même temps au Père et au Fils, le Christ. Et par l'œuvre du Christ, Dieu s'est acquis un nouveau peuple, formé aussi des gentils (Ac 15,14; Hé 4,9; 10,30; 1 Pt 2,10; Tt 2,14).
- *"Il sauvera son peuple de ses péchés" (Mt 1,21)* : sauver des péchés est une prérogative divine. Nous l'apprenons de la suite de l'évangile (Mt 9,3). Marc précise encore mieux : "Qui peut remettre les péchés sinon Dieu seul ?" (Mc 2,7)
- *"Emmanuel… Dieu avec nous" (Mt 1, 23)* : selon la doctrine de Matthieu, cette appellation doit être comprise dans son sens plein, c'est à dire dans son sens post-pascal. Jésus ressuscité, en apparaissant aux disciples, il leur promet : « Et voici que je suis avec vous pour toujours jusqu'à la fin du monde » (Mt 28,20).

Joseph est introduit dans la nouvelle Alliance et il participe désormais à la foi de la Mère de Dieu.

L'adoration des mages, le séjour en Egypte (Mt 2).

Après la naissance de Jésus et l'adoration des étrangers venus des nations, le roi Hérode manifeste sa haine envers Jésus dont il craint la royauté. Il organise brutalement un massacre d'enfants (Mt 2, 16). Joseph a protégé « l'enfant et sa mère » par la fuite en Egypte. Mais cela ne supprime pas la perception douloureuse de l'opposition à Jésus et au règne de Dieu que Jésus apporte. Saint Matthieu cite Jérémie 31,15 : « *A Rama, une voix se fait entendre, une plainte amère ; c'est Rachel qui pleure ses fils. Elle ne veut pas être consolée pour ses fils, car ils ne sont plus.* » (Mt 2,18). Le tombeau de Rachel est à Bethléem, à l'Est de Jérusalem, sur la route de l'exil. Ainsi Rachel avait « vu » partir les exilés du temps de Jérémie. Ici, le tombeau de Rachel « voit » le massacre des enfants contemporains de Jésus. Rachel « ne veut pas être consolée » par des compensations humaines. Dieu seul pourra la guérir. Et sans doute en est-il aussi de Marie : elle ne veut pas être consolée par des compensations faciles. Le déferlement du mal attend une Rédemption sérieuse.

Saint Matthieu répète à l'envie une expression choisie : « *L'enfant et sa mère* »[29]. Il veut souligner que Marie est ainsi inséparablement unie à Jésus, dans un drame qui annonce la cruelle Passion de Jésus et la mission de l'Eglise :

---

[29] Les mages virent « l'enfant avec Marie sa mère » (Mt 2,11), Joseph doit fuir avec « l'enfant et sa mère » (2,13), il prend donc « l'enfant et sa mère » (2,14), et de nouveau il doit prendre « l'enfant et sa mère » (2,20), il prit donc « l'enfant et sa mère » et rentra dans la terre d'Israël (2,21).

- même motif de condamnation à mort (la royauté du Christ),
- même contexte d'ouverture aux nations (qui sera celui de l'Eglise pascale).

Jean 2 et Jean 19

Les noces de Cana, prototype des sept signes.

L'évangile de Jean comporte sept « signes » :
1. Les noces de Cana (Jn 2) où la mère de Jésus était là, c'est le « premier signe », le prototype.
2. La guérison du fils du fonctionnaire (Jn 4).
3. La guérison de l'impotent (Jn 5).
4. La multiplication des pains (Jn 6).
5. La guérison de l'aveugle (Jn 9).
6. La résurrection (revivification) de Lazare (Jn 11).
7. La passion et la résurrection (Jn 18-21) de Jésus, c'est le dernier et plus grand signe, accomplissant tous les autres, et où la mère de Jésus est présente.

Le 1er signe est celui des noces de Cana. L'appellation « *femme* » (Jn 2, 4), reprise au calvaire (Jn 19, 25-26), illumine la Passion-Résurrection comme étant aussi des noces. Les noces sont vécues dans la « *gloire* » de l'amour, qui résonne aussi d'un événement à l'autre (Jn 2, 11 et Jn 17,5).

De plus, l'évangile fait allusion à la semaine de la création de Genèse 1 : les noces de Cana concluent ainsi une « semaine inaugurale »[30]. Au terme d'une semaine vécue dans la fraîcheur de la Genèse, Jésus dit la miséricorde du Créateur envers ses créatures, et pour un mariage de village, il change l'eau en vin. Il le peut. Il peut aussi changer la tristesse de son arrestation en joie de sa résurrection, dans le jardin de la nouvelle création (Jn 18,1 et 19, 41).

A Cana, Marie parle du vin matériel et reçoit un signe qui révèle Jésus comme messie. Dans les deux cas, une parole dure fait monter le niveau de l'attente. Or, durant la Passion, Marie devra attendre au-delà de la mort et de l'ensevelissement au tombeau ! Ce qui advient est alors beaucoup plus qu'une victoire dans le procès monté contre Jésus : c'est le commencement du rassemblement des fils de Dieu dispersés et le début d'une mission de l'Eglise dans le monde entier.

Jésus élève l'attente de sa mère.

Le 2ème signe (Jn 4, 46-53) est une guérison précédée par une parole plutôt dure (Jn 4,48). Le fonctionnaire, un instant rebuté, va obtenir la guérison de l'enfant mais aussi la conversion de toute sa famille.

Tous les signes sont importants, aussi pour Marie. Le 5ème signe, autour de la guérison de l'aveugle, donne à Jésus l'occasion de déjouer certaines explications de la souffrance. Imaginez un instant que l'on dise à Marie au pied du calvaire : « Qui donc a

---

[30] Premier jour, le témoignage de Jean (Jn 1,19-28); le lendemain (1, 29), deuxième jour, Jean annonce Jésus l'agneau de Dieu ; le lendemain (1,35), troisième jour, André amène Simon Pierre vers Jésus; le lendemain (1,43), quatrième jour, Jésus appelle Philipe ; après cela, "le troisième jour", les noces de Cana, où Marie était là.

péché : Jésus ou sa mère, Marie ? » La question n'est pas saugrenue, les synoptiques rapportent les moqueries subies par Jésus, des moqueries qui s'appuient sur ce raisonnement. Mais la mère de Jésus peut leur résister et penser que tout cela advient « afin que soient manifestées en lui les œuvres de Dieu » (Jn 9, 3).

Marie au Calvaire, Marie et l'unité

Rappelons, dans l'ordre, les événements au calvaire rapportés par saint Jean :

1°) L'écriteau mentionne la royauté de Jésus (Jn 19, 19-22).
2°) [grec : mèn…] Les soldats se partagent les vêtements mais refusent de déchirer la tunique du Christ (Jn 19, 23-24).
3°) [grec : de…] « Voici ton fils », « voici ta mère » (Jn 19, 25-27), l'évangéliste formule le testament de Jésus comme une double révélation : « voyant la mère… il dit », et « voyant le disciple… il dit ».
4°) Jésus remet l'Esprit et meurt (Jn 19, 28-30).
5°) Le coup de lance, le sang et l'eau (Jn 19, 31-37).

Le geste de déchirer les vêtements peut symboliser le schisme d'une communauté (cf. 1 R 11,29-39). Le verbe grec utilisé en Jn 19, 24 (schizô = déchirer) ne signifie pas seulement l'action de déchirer des vêtements, mais peut exprimer le schisme du peuple de Dieu (cf. Ac 14,4 ; 23,7). Jésus meurt pour rassembler dans l'unité les fils de Dieu dispersés (Jn

11,51-52) : sa tunique ne sera pas déchirée. L'unité n'est donc jamais inaccessible.

Jn 19, 23-24 (les soldats et la tunique) et Jn 19, 25-27 (la Mère et le disciple) sont soigneusement reliés par la conjonction grecque « *mèn... de* » (d'une part... d'autre part). La tunique du Christ que les soldats n'ont pas déchirée est un signe de cette unité de l'Eglise qui est sur le point de se créer grâce à l'union d'amour entre la mère de Jésus et le disciple fidèle.

Marie est maternellement présente au calvaire où se refait l'unité.

Marie fait l'unité en tant que mère qui console, aime, apaise, favorisant l'unité intérieure. Lorsque l'on est comblé d'amour, les divisions font horreur et on veut la paix.

Marie fait l'unité par sa sagesse. Elle est le trône de la sagesse, la mère de la sagesse éternelle. Elle est celle qui garde dans son cœur et qui médite. A son école, notre intelligence s'unifie dans la vérité. Les hérésies divisent, mais la sagesse rassemble, et l'on dit que Marie est victorieuse des hérésies (à commencer par celle d'Arius !)

Marie fait l'unité en favorisant le bien : elle stimule en nous les vertus morales (justice, tempérance, prudence, force) et théologale (foi, espérance, charité). Notre âme s'unifie en retrouvant son tropisme vers Dieu, pour Dieu et contre Satan. Le bien unit les personnes dans une même construction...

Marie fait l'unité en favorisant l'accueil du Saint Esprit qui nous sanctifie. On parle de « l'œcuménisme de la sainteté ».

Son rôle pour l'unité est encore plus profond. Jésus remet l'Esprit. Le Fils de Dieu remet l'Esprit de Dieu. L'unité est celle de Dieu Trinité. Cette unité existe, elle a une dimension théologale extrêmement puissante. Dieu Est (cf. « JE SUIS »). La mère de Jésus a porté le lien vivant entre l'humanité et la divinité. La mère de Jésus a porté celui qui nous introduit dans l'unité même de Dieu Trinité. L'unité vient de Dieu. C'est pourquoi, on ne construit pas l'unité, mais en suivant l'appel intérieur, avec Marie, on y « entre »[31] :

> « Aide-nous [Marie], fais que [...] nous puissions découvrir progressivement le dessein divin de cette unité dans laquelle nous devons *entrer* nous-mêmes et introduire tous les hommes, afin que l'unique bercail du Christ reconnaisse et vive son unité sur la terre. O Mère de l'unité, enseigne-nous toujours les chemins qui conduisent à elle » (Jean Paul II[32]).

« Dès cette heure-là, le disciple l'accueillit comme sienne (grec : ta idia). » (Jn 19,27)

« Ta idia » signifie « les affaires » : le disciple accueille Marie dans son cœur, dans sa maison, dans son métier, dans sa communauté, dans son église...

Il y a un contraste entre ce verset et cet autre verset :

---

[31] Un peu comme dans l'œuvre d'Enguerrand Charonton montrant Marie un chemin de lumière de la terre au ciel (en passant par la croix) et Marie « entrant » dans l'unité Trinitaire.
[32] Homélie à Jasna Gora, 4 juin 1979, la phrase suit une référence à Jn 19, 26

« *Voici venir l'heure -- et elle est venue -- où vous serez dispersés chacun de votre côté (grec : ta idia) et me laisserez seul.* » *(Jn 16,32)*

En abandonnant Jésus qui est leur lien d'unité, les disciples vont chacun de leur côté, dans « leurs affaires » et ils se dispersent : c'est une dispersion géographique et spirituelle : chacun se replie sur ses propres intérêts et les disciples ne sont plus rassemblés dans l'unité ; chacun perd le lien avec Jésus et se disperse intérieurement : sans la foi on ne peut pas unifier la vie et la mort, le passé et le futur, l'existence devient dissolue, il n'y a plus d'harmonie intérieure. Qui disperse ? Le loup, Satan (Jn 10,12) et Judas qui est venu là où Jésus se réunissait avec ses disciples (Jn 18,2) provoquant la dispersion.

L'Evangile oppose au fait de se disperser chacun de son côté le fait de prendre Marie comme sienne. Accueillir Marie produit l'unité des disciples entre eux et l'harmonie intérieure. Accueillir Marie permet d'édifier le royaume de Dieu, la paix et l'unité dans la communauté, l'Eglise, les nations, l'humanité.

Marie, nouvelle Jérusalem où se rassembleront les fils de Dieu dispersés

Jésus meurt pour rassembler les fils de Dieu. Ce sujet est très actuel car le défi aujourd'hui n'est pas seulement la globalisation mais l'unité de l'humanité.

« *Caïphe, étant grand prêtre cette année-là, [...] prophétisa que Jésus allait mourir pour la nation -- et non pas pour la nation seulement, mais encore afin de rassembler dans l'unité les enfants de Dieu dispersés* » (Jn 11, 47-52).

Selon la doctrine de l'Ancien Testament, les enfants de Dieu sont les membres du peuple d'Israël, et les dispersés sont les exilés. Par le serviteur souffrant, le Seigneur rassemble son peuple, en le reconduisant de l'exil à la terre promise (Is 49,5-6). Le Seigneur conclut avec eux une alliance nouvelle, et non seulement avec eux mais aussi avec tous les autres peuples. Dans le cadre de cette restauration grandiose, Jérusalem et le temple acquièrent un relief singulier. Jérusalem est saluée comme Mère de ces fils innombrables que le Seigneur a acheminés vers elle.[33]

Saint Jean fait allusion à cette doctrine lorsqu'il raconte l'entrée de Jésus à Jérusalem, et qu'il cite Za 9,9 : « Ne crains pas, Sion ! Voici ton roi qui vient, assis sur un petit d'ânesse » (Jn 12,14-16).

Mais il y a une nouveauté dans le Christ :
- Les enfants de Dieu ne sont pas uniquement Israël mais toute l'humanité, tous sont appelés à accueillir le Christ et sa parole (Jn 1, 12 ; 1 Jn 3,1.2.9.10 ; 5,1.2)
- Les dispersés sont tous les hommes, victimes du « loup », c'est-à-dire du Malin qui « s'en empare et les disperse » (Jn 10,12). Leur dispersion sera recomposée dans l'unité même du Père et du Fils (Jn 11,52 ; cf. 10,30).
- Le serviteur souffrant est le Christ, l'Agneau de Dieu (Jn 1,29.36) qui rassemble l'humanité dispersée.

---

[33] Tb 13,12-13 ; Ps 87 ; Is 49,18-23 ; 54,1-3 ; 60,1-22 ; 66,7-13 ; Bar 4,36-37 ; 5,5-6...

- Le Temple de Jérusalem est la personne du Christ ressuscité (Jn 2,19-22), il attire et rassemble : « une fois élevé de terre, j'attirerai tous les hommes à moi » (Jn 12,32). Les fils de Dieu dispersés sont rassemblés dans le Christ-Temple. Et cette unité s'épanouit dans la Trinité (Jn 10,30 ; 17,22-23).
- Marie qui se tient debout au pied de la croix est associée à cette œuvre de rassemblement. Si Jésus avait voulu simplement se préoccuper de l'avenir de Marie, il aurait été suffisant de dire au disciple: « Voici ta mère ». En se tournant d'abord vers sa mère, Jésus souligne la mission qu'il va lui laisser. Marie est la mère de Jésus, la mère de tous les disciples de Jésus (Jn 19,25-27), la nouvelle Jérusalem, mère universelle de tous les hommes, de tous les fils de Dieu dispersés, rassemblés dans le Christ-Temple (Jn 19,25-27).[34]
- En Marie s'accomplissent les prophéties qui annoncent que la « Fille de Sion » reçoit une maternité universelle (Is 54,1 ; 55,3 ; Za 2,15 ; 9,9), attirant des peuples étrangers à partager les privilèges du peuple saint.

Ce qui est dit de Marie doit être harmonisé avec ce qui est dit du Christ et de l'Esprit : les fils de Dieu sont ceux qui renaissent de l'Esprit Saint (Jn 3,5) ; l'unité de l'Église se fait autour du Christ, unique

---

[34] Les prophéties concernant Jérusalem et le temple sont accomplies en Marie et Jésus, mais cela ne refuse évidemment pas au peuple Juif le droit de revenir aujourd'hui sur la terre de ses ancêtres et d'y prier, dans le respect du droit international.

pasteur (Jn 10, 16), sous la poussée de l'Esprit (Jn 14,26 ; 16, 13-14).

La tradition de l'Eglise a gardé cette idée que Jérusalem, la cité de Dieu, peut signifier Marie dans son rôle pour rassembler les fils de Dieu, les peuples et les nations :

> « Le temple du vrai Salomon et la mystique cité de Dieu, c'est-à-dire la Très Sainte Vierge, appelée par les Saints Pères le temple de Salomon et la cité de Dieu [...]. Cette ville autour de laquelle les hommes tournoieront à la fin du monde pour se convertir, et pour rassasier la faim qu'ils auront de la justice, est la Très Sainte Vierge qui est appelée par le Saint-Esprit ville et cité de Dieu [Cf. Ps 58] »[35].

Apocalypse

Le « Christ Agneau » est un point de contact entre l'Apocalypse de Jean et l'Evangile : par la bouche de Jean Baptiste (Jn 1, 36), et à la fin de l'Evangile, par le fait qu'on ne lui brise pas les os et à l'heure du sacrifice de l'agneau pascal (Jn 19, 31-37), le Christ Agneau est mentionné 28 fois dans l'Apocalypse.

A l'agneau pascal de l'Apocalypse fait écho celui de l'Exode. Les plaies de l'Apocalypse sont analogues aux plaies d'Egypte. Il ne s'agit plus d'échapper à l'oppression des rites magiques et de l'esclavage égyptien, il s'agit de sortir de l'esclavage de Satan (de la bête, du faux prophète, de Babylone). La

---

[35] SAINT LOUIS-MARIE DE MONTFORT, *Traité de la vraie dévotion*, § 48

mer de cristal (Ap 15,2 c'est-à-dire transparente, vide du mal), est analogue à la mer traversée à pied sec.

« La Femme » est un autre point de contact entre l'Apocalypse de Jean et l'Evangile où Marie est deux fois appelée « Femme » (Jn 2, Jn 19, Ap 12). Etant donné la thématique de l'Exode sous-jacente à tout le livre de l'Apocalypse, il est tout naturel de trouver l'image de Femme superposée à l'image de l'arche d'Alliance. (Cf. dans l'évangile de Luc, Marie arche d'Alliance).

Cependant, traditionnellement, la Femme de l'Apocalypse est d'abord l'Eglise. Dans le ciel, la Femme est enveloppée de soleil, c'est-à-dire de la gloire du Ressuscité. C'est vrai pour l'Eglise du ciel, c'est vrai pour Marie en son Assomption. Sur la terre, la Femme est engagée dans un combat et elle enfante le roi (un fils avec un sceptre) : le règne de Dieu. C'est vrai pour l'Eglise, c'est vrai pour Marie.

Un mystérieux rouleau n'est ouvert qu'au chapitre 10. Une explication du dessein divin est donnée : la conversion des nations païennes que les malheurs (Ap 6-9) n'avaient pas obtenu (Ap 9, 21), le martyre des témoins du Christ l'obtient (Ap 11). Ces témoins sont les fils de la femme revêtue de soleil, ils sont vainqueurs de la bête (Ap 12). Leur victoire n'est pas pour eux seulement, ils conduisent les nations à se prosterner devant Dieu (Ap 15, 3-4), pour finalement entrer avec eux dans la Jérusalem nouvelle (Ap 21).

La nouvelle Jérusalem, c'est la fiancée et l'épouse de l'Agneau (19, 7 ; 21, 2.9), la ville sainte (21, 2). [36]

La Nouvelle Jérusalem est l'alternative à Babylone :
- La nouvelle Jérusalem est une chaste épouse (21, 2), Babylone une prostituée (17, 1).
- La splendeur de la Nouvelle Jérusalem est la gloire de Dieu (21, 11-21), la splendeur de Babylone provient de l'exploitation de son empire aux dépens de ses sujets (18, 12-15).
- La vie et la guérison des nations (22, 1-2) est à l'opposé du sang du massacre (17, 6 ; 18, 24).
- Le peuple de Dieu est appelé à entrer dans la nouvelle Jérusalem (22, 14), tandis qu'il est appelé à sortir de Babylone (18, 4).
- Babylone doit laisser la place à la nouvelle Jérusalem.
- Dans la Nouvelle Jérusalem, les bénédictions du paradis sont restaurées : l'eau de la vie et de l'arbre de vie (22, 1-2), et s'ajoute la « cité », avec sa dimension de communauté et de culture humaine.

La femme de l'Apocalypse est couronnée (Ap 12, 1). Dans le monde ancien, le couronnement de la mariée, ou des époux, signifie la perfection et l'achèvement de leur union. Cette allusion aux noces en Apocalypse 12,1 invite à faire le rapprochement avec la nouvelle Jérusalem, descendant du ciel, comme une jeune mariée parée pour son époux (Ap 21, 2.9).

---

[36] Cf. Richard BAUCKHAM, *La théologie de l'Apocalypse*, Cerf, Paris 2006, p. 148-149

Le rapprochement entre la Femme-Marie et la Ville Sainte a inspiré une longue tradition de l'Eglise. Pour Tertullien (155-235 environ), Sion, c'est-à-dire Marie en tant que mère de Jésus, est la mère de tous les peuples, même païens, elle est bâtie par le Christ selon la volonté du Père.[37] Ville-Marie est un arrondissement de la ville de Montréal et provient de la notion de ville mariale. Saint Maximilien Kolbe († 1941) fonde une Cité de l'Immaculée, et en explique le concept : « Je crois que dans chaque nation devrait surgir une 'Cité de l'Immaculée' qui permettrait à l'Immaculée d'agir par tous les moyens, y compris les plus modernes, car les découvertes devraient d'abord être employées à la servir, que ce soit dans le commerce, l'industrie, le sport, etc., et même la radio, le cinéma, en un mot tout ce que l'on pourrait découvrir et qui pourrait éclairer les esprits et enflammer les cœurs. »[38] Etc.

Entre la chute de Babylone (Ap 17-18) et la fin du monde (Ap 19, 21), il y a place pour un temps de vérité où le Christ, fidèle et vrai, règne d'une manière spéciale (Ap 19, 11-16).

Cependant, il faut bien remarquer que la Jérusalem céleste descend du ciel (Ap 21, 2). Par conséquent, il faut toujours éviter l'imposture millénariste : « Cette imposture anti-christique se dessine déjà dans le monde chaque fois que l'on prétend accomplir dans l'histoire l'espérance

---

[37] Cf. Tertullien, *Adversus Marcionem* 13,6.9
[38] St Maximilien Kolbe, 02.12.1931, L'immaculée révèle l'Esprit saint, entretiens spirituels du père Kolbe, Abbé J-F Villepelée. Ed Lethellieux, Paris 1974, oeuvre de la grotte, Lourdes, p.154

messianique qui ne peut s'achever qu'au-delà d'elle à travers le jugement eschatologique: même sous sa forme mitigée, l'Eglise a rejeté cette falsification du Royaume à venir sous le nom de millénarisme surtout sous la forme politique d'un messianisme sécularisé, "intrinsèquement perverse" »[39]. Nous n'atteindrons le Royaume à venir qu'au travers une Pâque (c'est le thème de l'Agneau pascal, omniprésent dans l'Apocalypse).

Il y a ensuite des nuances possibles dans l'interprétation :

Depuis saint Augustin (+ 430), nous sommes habitués à parler de la fin des temps en identifiant le retour du Christ (la Parousie) avec les derniers temps (au sens où il n'y aurait plus rien après) et la fin du monde, tout cela ne formant qu'un seul instant avec le jugement dernier et l'entrée dans l'éternité.

Mais pour saint Irénée (+ vers 200) et les chrétiens d'Orient, la fin de l'histoire comprend « toute une histoire de la fin, une certaine succession »[40], avec un « royaume des justes » contemporain à la Parousie, dans la grâce de la Parousie, comportant à la fois un jugement et une vivification[41].

---

[39] Catéchisme de l'Eglise catholique, § 676
[40] Cyril PASQUIER, *Ibid.*, p. 90
[41] Cf. F. Breynaert, *La venue glorieuse du Christ,* éditions Salvator, Paris, parution 2017

Fille de Sion et mère du Fils de l'homme

Selon Michée, la Fille de Sion enfante à la fois un messie-roi et un peuple libéré (Mi 4,1 et 4,9). Les adresses « Réjouis-toi, fille de Sion » (Za 9, So 3, Joel 3) se retrouvent à l'Annonciation où Marie est saluée par l'ange comme fille de Sion invitée à se réjouir car le Seigneur vient en son sein (Lc 1, 28). Au calvaire, Marie enfante à nouveau, mais dans la douleur, le disciple bien-aimé et en lui un peuple nouveau (Jn 19, 25-27). L'Apocalypse, au chapitre 12 évoque le même mystère, d'une Femme qui enfante le messie (Ap 12, 3) et un peuple (Ap 12, 17). Ainsi, dans le Nouveau Testament, Marie est la Fille de Sion qui enfante à la fois Jésus, le messie-roi et le peuple libéré en Jésus.

Parler de la « mère du Fils de l'homme » élargit la notion très judéo-chrétienne de « Fille de Sion » : le Fils de l'homme est le nouvel Adam et sa mère appartient à tous les descendants d'Adam. D'ailleurs, les vertus de Marie ne parlent-elles pas à tous les hommes ? (L'humanité très sainte de la Vierge Marie attire jusqu'aux non-chrétiens dans les sanctuaires mariaux...).

Jésus se désigne comme le « Fils de l'homme », expression qui renvoie au livre de Daniel 7 où cette expression désigne un royaume d'humanité qui s'oppose aux royaumes brutaux, l'expression désigne donc un pluriel, une communauté. Dans le livre de Daniel, « en tant que tel, le *Fils de l'homme* (de Daniel 7) ne symbolise pas une figure individuelle, mais il est la représentation du *royaume* dans lequel le monde parviendra à son but »[42]. « Le cortège entrevu de loin par Daniel ("comme un fils d'homme", Daniel 7) devient une personne, mais étant là pour la multitude, cette personne dépasse les limites de l'individu, embrasse une multitude, et devient avec la multitude un seul corps et un seul esprit (1Co 6, 17) »[43]. Le fait que Jésus assume cette appellation indique qu'il veuille nous incorporer en lui jusque dans sa sainte résurrection.

Ceci permet de comprendre plus en profondeur à la fois le salut et la coopération humaine. Jésus ne se substitue pas à nous, mais il veut nous incorporer à lui, ce qui implique aussi notre coopération.

La mère de *Jésus le Fils de l'homme* est de manière indissociable la mère de *Jésus* (figure individuelle) et la mère de son *royaume (Dn 7)*, l'Eglise. L'Eglise primitive a donc embrassé d'un seul regard la mission de « Marie dans le mystère du Christ et de l'Eglise », saint Augustin a parlé de Marie mère du Christ et "Mère des membres [du Christ]... ayant coopéré par sa charité à la naissance dans **l'Église** des fidèles qui sont les membres de ce Chef"[44], et le concile Vatican II situe Marie d'une manière indissociable « dans le mystère du Christ et de l'Eglise »[45]…

---

[42] Joseph RATZINGER, BENOIT XVI, *Jésus de Nazareth*, Flammarion, Paris 2007, p. 354-355
[43] Joseph RATZINGER, BENOIT XVI, *Jésus de Nazareth*, Flammarion, Paris 2007, p. 362-363
[44] Saint AUGUSTIN, *De S. Virginitate*, 6
[45] Titre du chapitre VIII de *Lumen gentium* à VATICAN II.

« Le Fils de l'homme doit beaucoup souffrir, être rejeté par les anciens, les grands prêtres et les scribes, être tué et, après trois jours, ressusciter » (Mc 8, 31). Le Fils de l'homme « n'est pas simplement un, mais de nous tous avec lui-même il ne fait "plus qu'un" (Ga 3, 28) : il nous transforme en une humanité nouvelle »[46]. Ainsi, en utilisant le titre « Fils de l'homme », Jésus appelle notre incorporation, notre participation à la Rédemption. Le « vous en moi et moi en vous » de l'Evangile (cf. Jn 17, 21-23) signifie que Jésus prend sur lui nos infirmités et nous donne sa lumière et sa grâce… De même, Marie nous communique son être immaculé et nous emporte dans la réponse croyante qui nous sauve.

Agir « PAR Marie, AVEC Marie, EN Marie, POUR Marie »[47] signifie en langage biblique être incorporé par Marie dans le Fils de l'homme, Marie stimule ce que chacun a de meilleur (il ne n'agit ni d'une fusion, ni d'une substitution métaphysique).

---

[46] Joseph RATZINGER, BENOIT XVI, *Jésus de Nazareth*, Flammarion, Paris 2007, p. 362-363.
[47] St Louis-Marie de MONTFORT, *Secret de Marie* § 43

DOCTRINE MARIALE

Introduction

Marie est vénérée : on le voit déjà dans l'évangile de Luc (Lc 1) ; l'Eglise s'émerveille de sa maternité royale, virginale et divine, par l'Esprit Saint.

Marie fait basculer l'histoire. Marie, fille de Sion, hérite d'une histoire marquée par une culture, mais elle est un nouveau commencement dans l'histoire.
✓ Marie nouvelle Eve à l'Annonciation : elle écoute le bon ange et non pas Satan. Marie nouvelle Eve à la croix, auprès du nouvel arbre de vie et du nouvel Adam. (Saint Irénée de Lyon, II° siècle).
✓ S'accomplissent le « plan de la création » et dans le « plan de la rédemption ».
Selon Nicolas Cabasilas (Orient) et l'école franciscaine (Occident),
par Marie, le plan de la création trouve son sens : la création s'accomplit dans l'union à la vie divine.
par Marie, le plan de la rédemption réussit : Marie est la mère du Rédempteur.

Marie remplit le monde. Son « intercession », prend la forme de miracles divers et d'apparitions dans le monde entier.

Fonctions et privilèges. Marie est notre sœur, mais il n'y a qu'une seule *Mère* de Dieu en qui le Verbe s'est fait chair, il n'y a qu'une *vierge féconde*. *L'Immaculée conception et l'Assomption* sont aussi des privilèges de Marie (liés aux deux premiers). Les fonctions de Marie, parce qu'elles sont vécues de manière éminente, sont aussi des privilèges, par exemple, sainte Thérèse de Lisieux ou Catherine de Sienne ont été des mères spirituelles, mais il n'y a qu'une mère de l'Eglise.

Etre mère du Seigneur est une *fonction* éminente que Marie a accomplie avec sainteté, une sainteté qui est fidélité à la grâce reçue, et qui est aussi sa propre réponse (*coopération*). Marie *intercède* aux noces de Cana, elle est révélée comme *mère du disciple* (Jn 19, 25-27), Mère de l'Eglise, Mère de tous les hommes, il s'agit de sa *médiation maternelle.*

Au-delà de ses privilèges et de ses fonctions, Marie est une personne. Marie donne son libre consentement. Marie a vécu à Nazareth, elle a vécu l'obéissance à la loi juive, elle a vécu un pèlerinage de la foi, elle a vécu l'espérance, la charité. Et c'est par sa foi, son espérance et sa charité, qu'elle est mère de Dieu et notre mère.

Credo de Nicée-Constantinople (381)

La formule mariale du Concile de Constantinople (381), dans sa version littérale latine du texte grec original est : *"Et Incarnatus est de Spiritu santo et Maria virgine"*.

Nous voyons dans cette formule très courte, le reflet du récit de l'Annonciation à Marie : « L'ange lui répondit : "L'Esprit Saint viendra sur toi, et la puissance du Très-Haut te prendra sous son ombre ; c'est pourquoi l'être saint qui naîtra sera appelé Fils de Dieu » (Luc 1, 35).

"de" : Par la préposition causale *"de"*, l'action du verbe (*incarnatus est*) est rapportée en même temps à l'Esprit Saint et à la Vierge Marie**,** comme à un unique principe composé, divin et humain.

"Spiritu Sancto", dans le grec original est sans l'article, qui aurait pu légitimer avec sûreté la référence à la troisième Personne de la très sainte Trinité. Cependant rien n'empêche de penser que, vu la clarification sur l'Esprit Saint faite par ce concile, les pères entendaient déjà lui donner précisément un sens personnaliste ; dans la pratique liturgique, l'Esprit Saint est invoqué et adoré.

"et Maria Virgine", la personne de Marie est grammaticalement et doctrinalement jointe avec l'Esprit Saint comme co-principe humain de

l'Incarnation et de l'humanisation du Fils de Dieu pour le salut de l'homme[48].

"*Maria Virgine*". Extrêmement significatif est le terme "Vierge", lié à la personne de Marie comme apposition, non comme adjectif ou attribut. Le texte grec devrait être traduit : "Marie, La Vierge", il indique doctrinalement la caractéristique essentielle, l'élément significatif de l'apport humain à l'Incarnation.

La valeur de la formule mariale du premier concile de Constantinople est d'exprimer solennellement la fonction maternelle de la Vierge Marie dans l'Incarnation du Fils de Dieu en tant que tel.

Cette formule se rapporte aussi au but même de l'Incarnation, c'est-à-dire le Fils de Dieu s'est incarné de Marie la Vierge "pour les hommes et pour leur salut."[49]

« Mère de Dieu ». Concile d'Ephèse et Chalcédoine

Bien avant les grands conciles, la piété populaire appelait Marie « Mère de Dieu ». Nous lisons notamment, dans le *Sub tuum praesidium*, papyrus du 3° siècle, en Egypte : « *Sous ta miséricorde, nous nous réfugions, mère de Dieu. Ne repousse pas nos prières dans la nécessité, mais du danger, libère-nous : toi*

---

[48] Ce que ne dit plus la formule usuelle : « ex Maria Virgine »
[49] Cf. S. MEO, "Madre di Dio", nel *Nuovo dizionario di mariologia*, a cura di de Fiores, ed. san Paolo 1985, p.731-733

seule chaste, toi seule bénie ». De grandes vérités doctrinales y sont exprimées :
- La maternité divine ("Mère de Dieu"), et virginale ("o seule chaste"), l'élection spéciale de la part de Dieu ("o seule bénie").
- L'intercession miséricordieuse ("sous ta miséricorde nous nous réfugions,... sauve-nous").

Plus tard, étant donné que les hérétiques prenaient prétextes de ce titre (si Marie est Mère de Dieu, alors Jésus n'est pas un vrai Dieu (Arius), ou alors, la divinité de Jésus remplace son âme (Apollinaire), Nestorius voulut supprimer ce titre et le remplacer par Marie « Mère du Christ ». Mais les conciles d'Ephèse et de Chalcédoine ont préféré garder ce titre en l'expliquant, car en parlant de Marie « Mère de Dieu », on affirme aussi très nettement l'Incarnation.

« C'est ainsi qu'ils (les saints pères) se sont enhardis à nommer la sainte Vierge Mère de Dieu,
non que la nature du Verbe ou sa divinité ait reçu le début de son existence à partir de la sainte Vierge,
mais parce qu'a été engendré d'elle son saint corps animé d'une âme raisonnable, corps auquel le Verbe s'est uni selon l'hypostase et pour cette raison est dit avoir été engendré selon la chair. »[50]

Avec le recul des siècles, Nestorius est maintenant mieux compris, et finalement, l'Eglise

---

[50] Seconde Lettre de CYRILLE, approuvée par le CONCILE D'EPHESE en l'an 431, (DS 251).

catholique et l'Eglise assyrienne d'Orient (qui n'avait pas participé aux conciles d'Ephèse de Chalcédoine en 431 et 451) ont fait une déclaration christologique commune le 11 novembre 1994.

Le dogme de Marie Mère de Dieu n'a jamais posé de difficulté aux protestants.

« Quoiqu'Elisabeth l'ait avec perspicacité reconnue comme la Mère de Dieu, c'est avec une pénétration encore plus grande que la Vierge a vu que Dieu seul est grand en toutes les choses... » (Luther)[51]

« Par un mot, en l'appelant "Mère de Dieu", on comprend tout son honneur ; on ne peut ni lui dire ni dire d'elle rien de plus grand. » (Luther, Commentaire du Magnificat)

Marie toujours vierge

1) « Je ne connais pas d'homme » (Lc 1, 34) suggère que, malgré la mentalité juive valorisant la procréation, l'Esprit Saint avait poussé Marie vers un idéal de virginité, par une inspiration exceptionnelle, devançant ce qui se produira ensuite dans l'histoire de l'Eglise.[52]

2) La virginité pendant la conception de Jésus est affirmée en Lc 1, 35 et Mt 1, 25 (et il ne la connut pas jusqu'au jour où elle enfanta un fils, et il l'appela du nom de Jésus). Cette virginité signifie que Jésus

---

[51] LUTHER, W 1,60-77 : Sermon 1514-1517
[52] JEAN PAUL II, *Audience générale,* 24 juillet 1996

descend du ciel, comme la Shekinah sur l'arche d'Alliance, il est le Fils de Dieu, le Verbe incarné.

3) La virginité pendant l'enfantement de Jésus repose sur l'absence dans les évangiles de toute description d'un bain de l'enfant ou d'une sage-femme, on dit immédiatement que Marie l'enveloppe de langes (dans les apocryphes la sage-femme vérifie la virginité de Marie). Cette virginité préfigure la résurrection de Jésus car il sort du tombeau *scellé* et il apparait au cénacle toutes portes *closes*.

4) « Joseph ne la connut pas jusqu'au jour où elle enfanta un fils » (Mt 1,25). Mt 1, 25 insiste seulement sur la conception virginale de Jésus et n'implique aucunement des relations sexuelles entre Joseph et Marie après l'enfantement du Christ. Lorsque la Bible dit par exemple « Nos regards sont tournés vers le Seigneur notre Dieu jusqu'à ce qu'il nous prenne en pitié » (Ps 123,2) cela ne signifie pas qu'après avoir obtenu miséricorde, nos regards se détourneront de Dieu.

5) La virginité après la conception de Jésus se heurte à la mention des frères et sœurs de Jésus dans les évangiles. Cependant,
- Il n'y a pas de mot en hébreu ou en araméen pour dire cousin.
- Les frères et sœurs de Jésus ne sont jamais appelés 'fils ou filles de Marie'.
- Jacques, Joset (Mc) ou Joseph (Mt) - les premiers deux frères de Jésus nommés en Mc 6,3 et Mt 13,55

étaient très probablement les fils d'une Marie différente de la mère de Jésus. « Marie mère de Jacques le petit et de Joset, et Salomé » (Mc 15,40, cf. Mc 15, 47 ; Mc 16, 1 ; Lc 24,10). Selon Hegesippe[53], Simon était 'le fils d'un oncle du Seigneur', 'fils de Cléophas, frère de Saint Joseph', après le martyre de Jacques, Simon fut nommé évêque à 'parce que c'était un second cousin du Seigneur': 'second' est à comprendre en lien avec Jacques, qui devait donc être aussi le cousin de Jésus (et non pas son frère au sens strict).
- Si Jésus avait eu des frères, en mourant, il n'aurait pas confié sa mère au disciple (Jn 25, 26-27).

Dans la profession du pape Virgile en l'an 551, comme au second Concile de Constantinople en l'an 553, la formulation « Marie toujours vierge » apparait comme une évidence admise de tous.
Le concile Vatican II affirme la virginité de Marie dans la conception de Jésus et pendant l'enfantement (LG 57). Cette virginité est « consacrée ». Il s'agit d'une virginité permanente parce que Marie s'est consacrée entièrement à l'œuvre de son Fils qui dure jusqu'au salut de tous les hommes (LG 56) de sorte que c'est avec le titre « La Vierge » qu'elle déploie sa maternité spirituelle à notre égard (LG 61).

---

[53] Originaire d'Orient, probablement de Syrie-Palestine, qui écrivit vers 150-200 des "mémoires" dont Eusèbe de Césarée rapporte plusieurs extraits (EUSEBE, Histoire ecclésiastique III,11-12 et 19-20).

Absolument remarquable est la longue allocution de Jean-Paul II à Capoue en 1992, concernant la virginité de Marie, le fait et sa signification.

Le dogme de la virginité de Marie concerne avant tout la doctrine christologique. Cependant, la virginité de Marie éclaire aussi la sexualité humaine, sans la déprécier, mais en la réorientant.

La virginité de Marie nous invite à prendre quelques distances vis-à-vis du freudisme ambiant :

« Pour Freud, l'activité religieuse ou spirituelle de l'homme, au même titre que l'activité artistique, correspond à une sublimation de l'énergie sexuelle. L'amour que l'homme éprouve pour ses parents, ses enfants, ses semblables et même l'amour pour Dieu relève de la libido et a donc une nature sexuelle, il est seulement "inhibé quant au but"[54].

La conception chrétienne est tout opposée : pour elle, l'énergie sexuelle correspond à un investissement dans la sexualité, consécutif au péché ancestral d'une énergie qui était originellement orientée vers Dieu. »[55]

La virginité de Marie nous invite à nous orienter résolution vers la résurrection. « À la résurrection… on ne prend ni femme ni mari, mais on est comme les anges dans les cieux. » (Mt 22, 30 ; cf. Mc 12, 25). A la

---

[54] Cf. S. FREUD, *Le malaise dans la culture,* Paris 1995, p. 45.
[55] Jean Claude LARCHET, *L'inconscient spirituel,* Cerf Paris 2005, p. 39

résurrection, tout ce qui est personnel en l'homme sera parfaitement réalisé dans le primat de l'esprit. Une personne chaste le vit déjà maintenant.

Comme dit Jean Paul II :
> « La résurrection consistera dans la parfaite participation de tout ce qui est corporel en l'homme à ce qui est spirituel en lui. La résurrection consistera en même temps dans la parfaite réalisation de ce qui est personnel en l'homme. » [56]

---

[56] JEAN-PAUL II, Audience générale du 9 décembre 1981

Les deux dogmes catholiques récents : la question ecclésiologique

Les intentions du pape Pie IX en 1854 (dogme de Marie conçue immaculée) et celles du pape Pie XII en 1950 (dogme de l'Assomption), n'étaient pas de créer une tension avec les églises sœurs, mais de louer Dieu, et de répondre, la doctrine ayant suffisamment mûri, aux besoins pastoraux.

Cependant, toute l'Eglise n'ayant pas concouru ni consenti aux définitions, on peut se demander, comme en 1967 avec le théologien luthérien Piepkorn, si ces dogmes ne demeurent pas une question ouverte pour toute l'Eglise. Le groupe des Dombes répond :

« Nous sommes en mesure d'affirmer que l'interprétation de ces dogmes ne comporte plus rien qui soit contraire à l'annonce évangélique. En ce sens, ces dogmes n'engendrent pas de divergence séparatrice. Les protestants du Groupe estiment pour leur part qu'un retour à la pleine communion qui maintiendrait de chaque côté une liberté respectueuse des positions du partenaire est tout à fait envisageable. »[57]

---

[57] GROUPE DES DOMBES, Marie dans le dessein de Dieu et la communion des saints. Tome II : Controverse et conversion (1998), § 326
Le groupe des Dombes est un groupe de recherche œcuménique (catholiques, protestants, orthodoxes) qui travaille depuis l'après-seconde guerre mondiale.

Excursus 1. Les blessures humaines du XVI° et XVII° siècle

La réforme protestante (La diète d'Augsbourg de 1530 confirme la résistance des princes protestants, qui forment la ligue de Smalkalde en 1531) divise la chrétienté européenne.

Au début, la division apportée par le protestantisme semble momentanée, surtout en France où protestants et catholiques restent rassemblés dans un unique royaume.

A la même époque, à Guadalupe au Mexique, les apparitions de Marie à un métis, Juan Diego, vont unir espagnols et indigènes et amener des conversions innombrables. Marie apparait comme celle qui apporte le renouveau, l'unité, l'évangélisation, l'espérance, aussi pour le vieux continent.

Malheureusement les guerres de religions blessent les cœurs.

L'édit de Nantes en l'an 1695 amène une paix civile, au temps d'Henri IV (1589-1610), avec une sorte d'Etat dans l'Etat formé par l'octroi de places fortes protestantes (La Rochelle, Nîmes...) ; étant donné que l'église catholique romaine est en pleine réforme elle attire de nouveau, et beaucoup de protestants reviennent à l'unité.

Mais vient ensuite la guerre de 30 ans avec l'Angleterre (1618-1648) ; La Rochelle prenant le parti des anglais, le roi Louis XIII (1610-1643) supprime le droit spécifique de ces places fortes. Vient ensuite

Louis IV (1643-1715) qui supprime la liberté de culte protestant, les conversions sont alors forcées, et il révoque l'édit de Nantes en l'an 1685... On se souvient de la révolte des Camisards en 1710...

Louis XIII avait institué l'Assomption comme fête nationale en l'an 1637, alors que les protestants se sentent de plus en plus mal en France ! C'est alors, et c'est humain, que Marie devient de plus en plus un signe de division entre protestants et catholiques.

Au XIX° siècle et XX° siècle, les dogmes mariaux arrivent sur ces blessures de l'histoire... Et ce sont ces blessures, plus que la doctrine elle-même, qui divisent.

L'Immaculée conception

Le dogme définit Marie « conçue immaculée »…

La maturation, les bases doctrinale du dogme de 1854

Pendant des siècles, on avait observé que l'ange Gabriel saluait Marie comme « pleine de grâce », elle était donc déjà pure avant l'Incarnation, mais on ne précisait pas qu'elle fut conçue immaculée.

On avait aussi observé que Jean-Baptiste dans le sein de sa mère, avait tressaillit au moment de la Visitation[58] ; il avait été sanctifié, en vue de sa grande mission de précurseur du Messie. Combien plus Marie devait-elle avoir été sanctifiée en vue de sa grande mission de mère du Christ !

Duns Scot (1265-1308) écrit : « Marie ne contracta pas le péché originel justement à cause de l'excellence de son Fils, dans ce sens qu'Il est rédempteur, réconciliateur et médiateur »[59]. Marie a donc cette grâce par anticipation. Duns Scot hérite aussi des pères de l'Eglise (par exemple saint Irénée) qui situaient Marie dans le vaste plan créateur : Marie est celle en qui le plan créateur et rédempteur réussit.

---

[58] « Et il advint, dès qu'Elisabeth eut entendu la salutation de Marie, que l'enfant tressaillit dans son sein et Elisabeth fut remplie d'Esprit Saint » (Lc 1, 41).
[59] DUNS SCOT, *En III sententiarum*, d 3, q 1

Avant d'en arriver au dogme de 1854 disant que la mère de Jésus était exempte du péché originel, il était aussi nécessaire de clarifier la notion de péché originel et de grâce. Ce fut l'œuvre du concile de Trente en 1546 et 1547.

Le concile de Trente s'oppose à l'antique erreur de ceux qui pensent que nos propres forces suffisent à enlever le péché originel. Il précise que le péché originel est un « état pire » et une « mort de l'âme », à la fois une corruption (qui amène la mort du corps) et une tache morale (la mort de l'âme) ; mais il n'est un « péché » qu'au sens analogique, c'est plutôt un « état »[60].

En conséquence, si l'on dit que Marie est indemne du péché originel, ce n'est certainement pas par ses forces seules, mais c'est par grâce, et parce qu'elle coopère à la grâce qu'elle a reçue. La Vierge Marie est donc « sauvée », et l'on parlera de la grâce de sa conception immaculée « en vue des mérites de son Fils ».

Par ailleurs, les réformateurs protestants « enseignaient que l'homme était radicalement perverti et sa liberté annulée par le péché des origines ; ils identifiaient le péché hérité par chaque homme avec la tendance au mal ("concupiscentia"), qui serait insurmontable » (CEC 406). En conséquence, les protestants ne voyaient le salut qu'à la manière d'un vêtement extérieur, le fond de l'homme demeurant mauvais.

---

[60] CONCILE DE TRENTE, *Décret sur le péché originel,* Canon 3, DS 1513

Au contraire, le concile de Trente précise soigneusement que l'état déchu ne peut effectivement pas être vaincu par l'homme, cependant, la tendance au mal (la concupiscence) n'est pas un état insurmontable : chacun peut et doit la combattre. Ce n'est pas parce qu'on a une mauvaise pensée que l'on est mauvais, mais chacun peut et doit combattre la mauvaise pensée. Les catholiques voient le salut à la manière d'une grâce qui touche notre être profond. Par le baptême et l'union à la mort et à la résurrection du Christ, l'homme a retrouvé son « tropisme »[61] vers Dieu. Autrement dit, en vivant notre baptême, par l'union au Christ, l'orientation vers le mal est vaincue, mais nous devons encore lutter pour adhérer à cette grâce et y être fidèle. Le concile de Trente dit en effet aussi que la grâce appelle notre coopération et notre persévérance[62]. Telle est la doctrine catholique.

Ces bases doctrinales étant posées, nous comprenons l'enjeu du dogme de l'Immaculée conception. La Vierge Marie, par la grâce de sa conception immaculée, est orientée vers Dieu, attirée par Dieu, c'est pourquoi elle donne son Oui à Dieu « sans que nul péché ne la retienne »[63]. Elle est née dans un monde corrompu, mais elle n'a jamais péché, et nous pouvons l'admirer car Marie a eu le mérite de

---

[61] ST MAXIME LE CONFESSEUR, Opuscule 20, (PG 236 C D, traduction par F-M LETHEL, *Théologie de l'agonie du Christ*, Beauchêne, Paris 1979, p. 75-76)
[62] Cf. En particulier le chapitre 10 du décret sur la justification, en l'an 1547 (DS 1535). Une doctrine déjà présente au concile d'Orange, au temps de l'Eglise indivise.
[63] VATICAN II, *Lumen Gentium* 56

rester fidèle à la grâce qu'elle a reçue (contrairement à la première Eve) : sa conception immaculée n'enlève rien au mérite de sa sainteté personnelle.

Le contexte pastoral de la proclamation du dogme

La doctrine ayant suffisamment mûrie, il a été possible de proclamer le dogme. En outre, le contexte du XIX° siècle manifestait que ce dogme était utile d'un point de vue pastoral. En effet, la société occidentale du XIX° siècle connaît à la fois un essor du rationalisme et un essor du spiritisme.

Au plan culturel, le XIX° siècle comporte des germes opposés à la foi chrétienne. Certains auteurs approuvent ouvertement Judas et Satan lui-même ! On ne voyait plus le danger du satanisme[64]. Le dogme de l'Immaculée conception sous-entend la doctrine du péché originel et de l'action de Satan. Ce dogme remet en lumière la gravité du combat contre le mal. Jésus est le rédempteur pour détruire les œuvres du diable (1Jn 3,

---

[64] Par exemple, John Milton (1608-1674) magnifie la rébellion de l'ange déchu. Matthew Gregory Lewis (1775-1818) en fait le pilier d'une puissante dramaturgie. Lord Byron (1788-1824) dépeint Satan comme le défenseur de la justice et de la liberté ! Applaudi à l'opéra, célébré par les poètes, réhabilité dans les romans, loué dans les illustrés, Satan est au sommet de sa popularité ! Avec cela, le spiritisme se développe (Allan Kardec, etc.). Et, nous le savons bien, notre époque prolonge et amplifie ce que le XIX° avait semé : salons de la voyance, intellectuels admirant Judas, groupes musicaux anti-christiques, festivals de l'enfer, etc.

8), et cela en montant sur une croix. On ne peut pas banaliser les œuvres sataniques.

Au plan philosophique, les romantiques et un grand nombre de philosophes au XIX° siècle répandaient les idées d'innocence générale (l'homme naît bon, c'est la société qui le corrompt…). Le christianisme n'est pas naïf, il sait que l'homme naît dans une nature déchue avec une tendance au mal. Nos enfants sont certes charmants, mais ils vivent des combats spirituels et ont besoin de la grâce du Christ pour retrouver le « tropisme » vers le bien[65]. Le dogme de l'Immaculée conception rappelle que l'homme a besoin d'être sauvé et que l'homme ne se sauve pas par lui-même. Le dogme fait grandir l'humilité de la foi et constitue une barrière à une vision de l'homme qui serait euphorique ou auto-référentielle.

De plus, ce dogme nous remplit de joie et nous fait contempler la beauté de cette femme que Jésus en croix a désignée au disciple par ces mots « voici ta mère ».

Le dogme (1854)

Le dogme de l'Immaculée conception est avant tout un émerveillement, une louange de Dieu qui « est

---

[65] Selon la Genèse, les animaux sont créés selon leur espèce, mais l'humanité est créée à l'image de Dieu : notre identité profonde est « en Dieu ». Saint Augustin dit que nous sommes comme l'huile qui doit remonter au-dessus de l'eau. Notre cœur est sans repos tant qu'il ne demeure en toi, Seigneur ! Sainte Catherine de Sienne et tous les saints s'expriment de manière analogue, avec des mots différents.

ineffable » (*Ineffabilis Deus*), et une louange de Marie, en qui le projet du Créateur a pu réussir. Les Orientaux expriment leur louange par des hymnes liturgiques, mais les Occidentaux ont aussi le sens de la louange, à travers les dogmes mêmes. Pie IX commence par ces mots :

> « Dieu ineffable, dont les voies sont miséricorde et vérité, /.../ avait résolu d'accomplir /.../ le premier ouvrage de sa bonté, afin que l'homme, qui avait été poussé au péché par la malice et la ruse du démon, ne pérît pas, contrairement au dessein miséricordieux de son Créateur, et que la chute de notre nature, dans le premier Adam, fût réparée avec avantage dans le second. Il destina[66] donc, dès le commencement et avant tous les siècles, à son Fils unique, la Mère de laquelle, s'étant incarné, il naîtrait, dans la bienheureuse plénitude des temps /.../ il la combla, bien plus que tous les esprits angéliques, bien plus que tous les saints, de l'abondance de toutes les grâces célestes, et l'enrichit avec une profusion merveilleuse, afin

---

[66] Dans la doctrine catholique, on parle de prédestinés uniquement pour les élus (Rm 8, 30). Cela signifie que Dieu est l'auteur en nous de tout bien (Ph 2, 13), mais personne n'est forcé, chacun est responsable (Ez 18). Personne n'est prédestiné au mal, car le mal ne vient pas de Dieu. Nous sommes comme de bonnes et de mauvaises poteries (Rm 9,21) ; Dieu "a préparé" les vases d'élection (Rm 9, 23), mais ce n'est pas lui qui prépare les vases pour la perdition, il les "supporte" (Rm 9, 22). Luther fit l'erreur d'ajouter que Dieu prédestine aussi au mal ; erreur condamnée par le Concile de Trente, Canons sur la justification, DS 1554 ; 1565-1567.

qu'elle fût toujours sans aucune tache, entièrement exempte de l'esclavage du péché, toute belle, toute parfaite et dans une telle plénitude d'innocence et de sainteté qu'on ne peut, au-dessous de Dieu, en concevoir une plus grande, et que nulle autre pensée que celle de Dieu même ne peut en mesurer la grandeur.»

Puis, après une longue synthèse de la Bible et de la tradition, Pie IX donne cette définition :
« Par l'autorité de Notre-Seigneur Jésus-Christ, des bienheureux Apôtres Pierre et Paul, et par la Notre, *Nous déclarons, prononçons et définissons* que la doctrine selon laquelle la bienheureuse Vierge Marie fut dès le premier instant de sa Conception, par une grâce et un privilège spécial de Dieu tout-puissant, en vue des mérites de Jésus-Christ, Sauveur du genre humain, préservée et exempte de toute souillure de la faute originelle, est révélée de Dieu, et que par conséquent elle doit être crue formellement et constamment par tous les fidèles »[67].

Après le dogme

50 ans après, ce dogme a réveillé la foi, et favorisé une nouvelle prise de conscience que nous sommes tous appelés à être « sans tache ». Le Christ est la cause de tout, en lui nous devenons fils de Dieu, mais Marie est « la cause formelle » c'est-à-dire que nous

---

[67] PIE IX, *Bulle Ineffabilis Deus* (1854).

devons être saints comme Marie est sainte (Pie X, encyclique *Ad diem illum laetissimum* 1904).

100 ans après le dogme, Pie XII, dans l'encyclique *Fulgens corona* (1953) voit en Marie celle qui n'a jamais été esclave de Satan (elle est la femme, qui en Genèse 3 écrase la tête du serpent, qui est Satan). L'Immaculée est belle, et le dogme ouvre à la théologie « la voie de la beauté », autrement dit, on comprend le dogme par une contemplation du cœur, par la beauté.

Le concile Vatican II a voulu garder l'ampleur de vue de Pie IX, selon lequel c'est par un unique décret éternel que l'Incarnation du Fils fut décidée et que Marie fut choisie et prédestinée. De l'union indissoluble de Marie et Jésus par un unique décret de Dieu le Père, découle la doctrine de la collaboration de Marie au salut, elle dépend du Christ mais elle agit avec le Christ, lui étant unie par un lien indissoluble. On retrouve cette dynamique dans la Lumen Gentium 52 (« Dieu voulant accomplir la rédemption… ») et LG 53 (« unie à son fils par un lien indissoluble »).

Et, comme Pie IX qui avait repris les explications de Duns Scot, le concile redit que Marie est conçue immaculée par la grâce du Christ et en vue de devenir la mère du Christ (LG 53 et 56).

De plus, ce mystère est une source d'espérance pour l'Eglise et pour chacun de nous, pour tout le corps mystique du Christ (LG 65).

L'Assomption

Le dogme de l'Assomption a quelques fondements bibliques indirects, tels que l'assomption d'Elie et les épitres de saint Paul. Dans la mesure où les croyants sont unis au Christ dans le baptême et participent aux souffrances du Christ (Romains 6, 1-6), ils ont part, par l'Esprit, à sa gloire et sont ressuscités avec lui en anticipation de la révélation finale (cf. Romains 8, 17 ; Éphésiens 2, 6 ; Colossiens 3, 1). De plus, à la lumière de 1 Co 15, 42-44, si le corps de Marie est déjà dans la condition de la résurrection, il est donc : - incorruptible, - glorieux (il transcende l'espace et le temps et peut apparaître), - fort (puissant en miracles), - spirituel (d'où le lien continuel entre Marie et l'Esprit Saint).

Seuls les textes bibliques suggérant que Marie est comme l'arche d'alliance [68], associés aux textes suggérant que l'arche d'Alliance est incorruptible [69], soutiennent l'idée d'un privilège marial.

Les principaux fondements doctrinaux du dogme sont liés aux autres dogmes mariaux : - d'une part la virginité physique de Marie et sa maternité divine : le corps qui a porté le Christ ne peut pas connaître la corruption - d'autre part, la sainteté de Marie et l'amour qui l'unit à son Fils : l'union de Marie

---

[68] Le récit de la Visitation (Lc 1, 39-56) est parallèle à celui du transfert de l'arche d'Alliance en 2Sam 6.
[69] 2Macc 2, 4-8 ; Ap 11, 19.

à son Fils dans l'au-delà est la conséquence de leur union parfaite sur la terre.

Le dogme de 1950 repose sur une tradition ininterrompue. Le « Transitus », un mot qui signifie « Passage » (Pâque) est un récit apocryphe qui fait pressentir au lecteur que le corps de Marie n'a pas subi les effets de la décomposition du sépulcre : il fut emporté au ciel. Dans sa forme actuelle, le document remonte au 4-5ème siècle. Mais les informations qu'il contient autorisent un archétype au 3ème ou 2ème siècle, attribué à Leucio, disciple de l'apôtre saint Jean. Les pères de l'Eglise ont prêché sur ce thème sans qu'aucune polémique ne se manifeste. Le 1° novembre 1950, Pie XII dit : « Nous affirmons, déclarons et définissons comme un dogme divinement révélé que : *l'Immaculée Mère de Dieu, Marie toujours vierge, après avoir achevé le cours de sa vie terrestre, a été élevée en corps et en âme à la gloire céleste* »[70].

Proclamé le jour de la Toussaint (1er novembre), le dogme de l'Assomption a une signification pour la destinée de tous les saints : « l'Agneau sera leur pasteur et les conduira aux sources des eaux de la vie. Et Dieu essuiera toute larme de leurs yeux » (Ap 7, 17). Marie dans la gloire de Dieu est un signe d'espérance pour tous.

---

[70] PIE XII, Constitution apostolique *"Munificentissimus Deus"*, définissant le dogme de l'Assomption, 1° novembre 1950. H. Denzinger - A. Schönmetzger, *Enchiridion Symbolorum*, § 3900-3904.

Ainsi, on peut être étonné de proclamer si tard un dogme sur une vérité qui a toujours été crue. C'est en 1950, très peu de temps après la fin de la guerre mondiale et Auschwitz où le corps humain a été si gravement humilié et désacralisé. Et voici que le dogme de l'Assomption proclame le destin surnaturel et la dignité de tout corps humain, appelé par le Seigneur à devenir un instrument de sainteté et à particper à sa gloire[71].

Le concile Vatican II rapproche le dogme de l'Immaculée conception et celui de l'Assomption : « Enfin la Vierge immaculée, préservée par Dieu de toute atteinte de la faute originelle, ayant accompli le cours de sa vie terrestre, fut élevée corps et âme à la gloire du ciel, et exaltée par le Seigneur comme la Reine de l'univers, pour être ainsi plus entièrement conforme à son Fils, Seigneur des seigneurs (cf. Ap 19,16), victorieux du péché et de la mort »[72].

Assomption et option préférentielle pour les pauvres

Marie est une « servante » qui est devenue reine. L'Assomption est l'intronisation des humiliés. Marie l'avait prophétisé : « Il a regardé vers l'humilité de sa servante... il élève les humbles » (Lc 1, 48.52).

Les pauvres oublient moins facilement que les autres qu'ils ont un corps : l'aiguillon de la faim et toutes les pénuries le leur rappelle. La culture des

---

[71] Cf. JEAN PAUL II, Catéchèse (audience) du 9 juillet 1997, § 5
[72] VATICAN II, Constitution dogmatique *Lumen Gentium* 59

pauvres est donc vivement corporelle et matérielle. Que l'être humain ne soit pas seulement une pensée mais un corps qui piétine le sol, qui a faim de pain, qui cherche la joie, qui veut être libre - voilà quelques vérités élémentaires et matérielles qui sont plus vraies pour les pauvres que pour n'importe quelle autre catégorie sociale.

De là peut-être le motif pour lequel l'Assomption, comme fête du corps, et du corps féminin, est très appréciée et célébrée par le peuple pauvre, qui y voit peut-être la réalisation de son désir secret : un corps dans toute sa potentialité de beauté, de communication et d'amour.[73]

Marie suit son Fils dans la mort et la résurrection

Pie XII ne s'était pas prononcé sur la question de la mort de Marie, cependant, dit Jean-Paul II :

« En réfléchissant sur le destin de Marie et sur sa relation avec le Fils divin, il semble légitime de répondre de façon affirmative : puisque le Christ est mort, il semble difficile de soutenir le contraire en ce qui concerne sa Mère. C'est dans cette direction qu'ont réfléchi les Pères de l'Église, qui n'ont pas eu de doutes à ce propos. Il suffit de citer saint Jacques de

---

[73] Clodovis BOFF, *Mariologia sociale. Il significato della Vergine per la società*.
BTC 136. Queriniana, Brescia 2007. Biblioteca contemporanea, p. 498. 521-523.

Sarug († 521), Saint Modeste de Jérusalem († 634), saint Jean Damascène († 704).

Il est vrai que dans la Révélation, la mort est présentée comme un châtiment du péché. Toutefois, le fait que l'Église proclame Marie comme étant libérée du péché originel par un privilège divin singulier, ne conduit pas à conclure qu'Elle a également reçu l'immortalité corporelle. La Mère n'est pas supérieure au Fils, qui a assumé la mort en lui conférant une nouvelle signification et en la transformant en instrument de salut.

Participant à l'œuvre de la Rédemption et associée à l'offre salvatrice du Christ, Marie a pu partager la souffrance et la mort en vue de la Rédemption de l'humanité

A ce propos, saint François de Sales estime que la mort de Marie a eu lieu à la suite d'un élan d'amour. Il parle d'une mort "dans l'amour, à cause de l'amour, par amour", parvenant ainsi à affirmer que la Mère de Dieu mourut d'amour pour son fils Jésus[74]. Quel que soit le fait organique et biologique qui causa, d'un point de vue physique, la fin de la vie du corps, l'on peut dire que le passage de cette vie à l'autre fut pour Marie une maturation de la grâce dans la gloire, si bien que jamais autant que dans ce cas, la mort ne put être considérée comme une "dormition".

Chez certains Pères de l'Église nous trouvons la description de Jésus qui vient lui-même chercher sa mère au moment de sa mort,

---

[74] St FRANÇOIS DE SALES, *Traité de l'Amour de Dieu*, Lib. 7, c. XIII-XIV

pour l'introduire dans la gloire céleste. Ils présentent ainsi la mort de Marie comme un événement d'amour qui l'a conduite à rejoindre son Fils divin, pour en partager la vie immortelle.

A la fin de son existence terrestre, elle aura connu, comme Paul et plus que lui, le désir d'être libérée du corps pour être avec le Christ pour toujours (cf. Ph 1, 23).

L'expérience de la mort a enrichi la personne de la Vierge : ayant subi le sort commun des hommes, elle est en mesure d'exercer avec plus d'efficacité sa maternité spirituelle à l'égard de ceux qui arrivent à l'heure suprême de leur vie »[75].

Assomption de Marie et fin du monde

Marie a connu la mort avant de connaitre sa glorieuse assomption[76]. De même,

« L'Eglise n'entrera dans la gloire du Royaume qu'à travers cette ultime Pâque où elle suivra son Seigneur dans sa mort et sa Résurrection (cf. *Ap 19,1-9*). Le Royaume ne s'accomplira donc pas par un triomphe historique de l'Eglise (cf. *Ap 13,8*) selon un progrès ascendant mais par une victoire de Dieu sur le déchaînement ultime du mal (cf. *Ap 20,7-10*) qui fera descendre du Ciel son Epouse (cf. *Ap 21,2-4*). Le triomphe de Dieu sur la révolte du mal prendra la forme du Jugement dernier (cf. *Ap*

---

[75] JEAN PAUL II, *Audience générale du 25 juin 1997*
[76] JEAN PAUL II, *Audience générale du 25 juin 1997*

20,12) après l'ultime ébranlement cosmique de ce monde qui passe (cf. *2P 3,12-13*) »[77].

De même que la Vierge Marie a vécu sa mort et son Assomption par une grâce spéciale qui l'a unie de manière indissoluble à son Fils, le Christ, notre Seigneur, de même, l'Eglise vivra sa dernière Pâque et son entrée dans le royaume par une grâce spéciale du Seigneur, la Venue glorieuse du Christ, la Jérusalem qui descend d'en haut.

---

[77] Catéchisme de l'Eglise catholique § 677

Marie à Vatican II

Le concile Vatican II a beaucoup parlé de Marie, plus qu'aucun autre concile avant lui, et il a choisi d'en parler dans une « Constitution dogmatique », *Lumen gentium* (21 novembre 1964), c'est-à-dire ce qui a la plus haute autorité parmi les textes du concile. Notre étude est donc très importante.

Lumen Gentium traite de l'Eglise en elle-même et forme un dyptique avec le document conciliaire *Gaudium et Spes*, Constitution pastorale, qui traite de l'Eglise dans son rapport au monde.

Lumen Gentium a huit chapitres :
- I. « Le Mystère de l'Eglise
- II. Le Peuple de Dieu
- III. La constitution hiérarchique de l'Eglise et spécialement l'Episcopat
- IV. Les Laïcs
- V. L'appel universel à la Sainteté dans l'Eglise
- VI. Les Religieux
- VII. Le Caractère eschatologique de l'Eglise en marche et son union avec l'Eglise du ciel
- VIII. De la Bienheureuse Marie, Vierge, Mère de Dieu, dans le mystère du Christ et de l'Eglise »

Le chapitre VIII apparaît dans la continuité, comme le sommet qui illumine toute la *Lumen gentium*, et donc aussi tout le concile Vatican II dont la *Lumen gentium* est un document clef.

Rappelons ce que nous avons expliqué précédemment. Jésus a pris l'appellation « Fils de l'homme », ce qui signifie plus que simplement « homme » : il fait référence au prophète Daniel (Dn 7) où le « fils de l'homme » symbolise un royaume (une organisation sociale, une communauté, une collectivité) qui s'oppose aux « bêtes » qui symbolisent aussi des royaumes. Autrement dit, Jésus veut nous incorporer en lui, ce qui saint Paul traduira par l'image du « corps du Christ ».

La mère de *Jésus le Fils de l'homme* est de manière indissociable
- la mère de *Jésus* (figure individuelle),
- et la mère de son *royaume (Dn 7)*, l'Eglise.

L'Eglise primitive a donc embrassé d'un seul regard la mission de « Marie dans le mystère du Christ et de l'Eglise ».

Le chapitre VIII de la *Lumen Gentium* a pour titre : « De la Bienheureuse Marie, Vierge, Mère de Dieu, dans le mystère du Christ et de l'Eglise ».

Tous les mots sont choisis et pesés :
De Beata Maria Vergine Mater Deipara : De la Bienheureuse Marie, Vierge, Mère de Dieu.

« <u>Bienheureuse</u> » : le titre Bienheureuse est dans l'écriture, par exemple, l'adjectif sainte ne l'est pas, il a sa valeur dans le texte, mais dans le titre de ce document il ne convient pas.

« <u>Marie</u> » est son nom biblique

Le titre « <u>Vierge</u> » vient de l'évangile de Luc et du concile de Chalcédoine.

Le titre « <u>Mère de Dieu</u> » vient du concile d'Ephèse. (Théotokos)
« <u>Dans le mystère du Christ et de l'Eglise</u> » : on a choisi d'écrire au singulier « le mystère » car il y a un seul et unique mystère, celui du Christ et de l'Eglise qui forment un seul corps.

Le plan du chapitre contient une introduction (52-54), une partie dogmatique sur Marie et le mystère du Christ (55-59) puis sur Marie et le mystère de l'Eglise (60-65), et une partie cultuelle (66-67) puis une ouverture eschatologique (68-69).

Entrons dans le texte du concile.

I. Introduction

52. La Sainte Vierge dans le mystère du Christ

« Ayant résolu, dans sa très grande bonté et sagesse, d'opérer la rédemption du monde, **Dieu** "quand vint la **plénitude du temps**, envoya son Fils né d'une femme... pour faire de nous des fils adoptifs" (*Ga* 4, 4-5). C'est ainsi que son Fils, "à cause de nous les hommes et pour notre salut, descendit du ciel et prit chair de la Vierge Marie par l'action du Saint-Esprit[78]".

Ce divin mystère de salut se révèle pour nous et se continue dans l'Église, que le Seigneur a établie comme son Corps et dans laquelle les croyants, attachés au Christ chef et unis dans une même communion avec tous ses saints, se doivent de vénérer, "en tout premier

---

[78] Credo de la Messe romaine, symbole de Constantinople...

lieu la mémoire de la glorieuse Marie, toujours vierge, Mère de notre Dieu et Seigneur Jésus Christ[79]". »

Observation :
 Le chapitre VIII de *Lumen gentium* (LG) s'ouvre au § 52 avec une grande solennité « Ayant résolu, dans sa très grande bonté et sagesse, d'opérer la Rédemption du monde, Dieu… » (LG 52), comme le fit Pie IX pour la définition de l'Immaculée conception (dans la bulle *Ineffabilis Deus*) ou Pie XII pour la définition de l'Assomption (dans la constitution *Munificentissimus Deus*). Cette phrase nous renvoie aussi au début de cette même constitution *Lumen Gentium* : « Le Père éternel par la disposition absolument libre et mystérieuse de sa sagesse et de sa bonté a créé l'univers ; il a décidé d'élever les hommes à la communion de sa vie divine ; après leur chute en Adam, il ne les a pas abandonnés, leur apportant sans cesse les secours salutaires, en considération du Christ rédempteur… » (LG 2)

53. La Sainte Vierge et l'Église
 « La Vierge Marie en effet, qui, lors de l'Annonciation angélique, **reçut le Verbe de Dieu** à la fois dans son cœur et dans son corps, et présenta au monde la Vie, est reconnue et honorée comme la véritable Mère de Dieu et du Rédempteur. Rachetée de façon éminente en considération des mérites de son Fils, unie à lui par un lien étroit et indissoluble, elle reçoit cette immense charge et dignité d'être la Mère du

---
[79] "Canon de la messe romaine"

Fils de Dieu, et, par conséquent, la fille de prédilection du Père et le sanctuaire du Saint-Esprit, don exceptionnel de grâce qui la met bien loin au-dessus de toutes les créatures dans le ciel et sur la terre.

Mais elle se trouve aussi réunie, comme descendante d'Adam, à l'ensemble de l'humanité qui a besoin de salut ; bien mieux, elle est vraiment "Mère des membres [du Christ]... ayant coopéré par sa charité à la naissance dans **l'Église** des fidèles qui sont les membres de ce Chef"[80]. C'est pourquoi encore elle est saluée comme un membre suréminent et absolument unique de l'Église, modèle et exemplaire admirables pour celle-ci dans la foi et dans la charité, objet de la part de l'Église catholique, instruite par l'Esprit Saint, d'un sentiment filial de piété, comme il convient pour une mère très aimante. »

Observation :
Le concile montre Marie dans l'Eglise (elle est membre de l'Eglise, elle est notre sœur) et Mère des membres du Christ (on dira ensuite « Mère de l'Eglise »).
Cf. Marie est la mère du « fils de l'homme », saint Augustin...

54. L'intention du Concile

« Aussi, présentant la doctrine de l'Église en laquelle le divin Rédempteur opère notre salut, **le saint Concile se propose** de mettre avec soin en lumière, **d'une part** le rôle de la bienheureuse Vierge dans le

---

[80] Saint Augustin, *De S. Virginitate*, 6

mystère du Verbe incarné et du Corps mystique, et **d'autre part** les devoirs des hommes rachetés envers la Mère de Dieu, Mère du Christ et Mère des hommes, des croyants en premier lieu ;

le Concile toutefois n'a pas l'intention de faire au sujet de Marie un exposé doctrinal complet, ni de trancher les questions que le travail des théologiens n'a pu encore amener à une lumière totale. Par conséquent, les opinions demeurent légitimes qui sont librement proposées dans les écoles catholiques au sujet de celle qui occupe dans la Sainte Église la place la plus élevée au-dessous du Christ, et nous est toute proche. »

Observation :

La Constitution dogmatique *Lumen gentium* ne prétend pas être un point final.

Par exemple, quand les apparitions d'Amsterdam (achevées en 1957 et reconnues en 2002) demandent à aux chrétiens de s'unir (œcuménisme) et, ce qui paradoxalement pourrait sembler risqué pour l'œcuménisme, elles demandent un cinquième dogme marial. Les opinions restent libres nous dit le concile, et, de fait, à Rome ou ailleurs, les congrès de réflexions sur ce thème n'ont jamais cessé. Un orthodoxe, ZELINSKY, va jusqu'à dire : « l'absence même de dogme, telle qu'elle est vécue par le protestantisme, ne doit pas devenir un dogme à son tour... »[81] ! A notre

---

[81] F. BREYNAERT, *Amsterdam, La Dame de tous les peuples, Explications des messages et de la demande du 5° dogme*, éditions rassemblement à son image 2014

époque, l'hérésie sur la prédestination, en permettant à l'Antichrist de se dédouaner de toutes ses horreurs, ne serait-elle pas bien plus menaçante que les éventuelles tensions sur une définition dogmatique concernant la coopération de Marie au Christ son Fils qui en constituerait un rempart ! Or, comme nous le verrons, le concile, sans donner de définition concise, développe abondamment le thème de la médiation et de la coopération de Marie…

II. Rôle de la Sainte Vierge dans l'économie du salut

55. La Mère du Messie dans l'Ancien Testament

« Les Saintes Écritures de l'Ancien et du Nouveau Testament et la Tradition vénérable mettent dans une lumière de plus en plus grande le rôle de la Mère du sauveur dans l'économie du salut et le proposent pour ainsi dire à notre contemplation. Les livres de l'Ancien Testament, en effet, décrivent l'histoire du salut et la lente préparation de la venue du Christ au monde.

Ces documents primitifs, tels qu'ils sont lus dans l'Église et compris à la lumière de la révélation postérieure et complète, font apparaître progressivement dans une plus parfaite clarté la figure de la femme, Mère du Rédempteur. Dans cette clarté, celle-ci se trouve **prophétiquement esquissée** dans la promesse (faite à nos premiers parents après la chute) d'une victoire sur le serpent (cf. *Gn* 3, 15). De même, c'est elle, la Vierge, qui concevra et enfantera un fils auquel sera donné le nom d'Emmanuel (cf. *Is* 7, 14 ; cf. *Mi* 5, 2-3 ; *Mt* 1, 22-23).

Elle occupe la première place **parmi ces humbles et ces pauvres du Seigneur qui espèrent** et reçoivent le salut de lui avec confiance. Enfin, avec elle, la fille de Sion par excellence, après la longue attente de la promesse, s'accomplissent les temps et s'instaure l'économie nouvelle, lorsque le Fils de Dieu, par elle, prit la nature humaine pour libérer l'homme du péché par les mystères de sa chair. »

Observations :
Marie est « prophétiquement esquissée » : l'Ancien Testament nous prépare à comprendre Marie, le concile donne trois exemples, soulignons le premier : Marie « nouvelle Eve », un thème qui nous conduira aussi à parler de Marie immaculée et associée au nouvel Adam.

Marie est « parmi les humbles qui espèrent » : l'Ancien Testament prépare Marie personnellement, nous avons vu par exemple comment Marie est préparée à vivre l'Alliance du Sinaï, à attendre « l'ouverture du ciel », à traverser les épreuves à la suite de Job…

56. Marie à l'Annonciation

« Mais il plut au Père des miséricordes que l'Incarnation fût précédée par une acceptation de la part de cette Mère prédestinée, en sorte que, une femme ayant contribué à l'œuvre de mort, de même une femme contribuât aussi à la vie. Ce qui est vrai à un titre exceptionnel de la Mère de Jésus qui donna au monde la vie destinée à tout renouveler, et fut pourvue par Dieu de dons à la mesure d'une si grande tâche. Rien d'étonnant, par conséquent, à ce que l'usage se soit établi chez les saints Pères, d'appeler la Mère de Dieu la Toute Sainte, indemne de toute tache de péché, ayant été comme pétrie par l'Esprit Saint, et formée comme une nouvelle créature.

Enrichie dès le premier instant de sa conception d'une sainteté éclatante absolument unique, la Vierge de Nazareth est saluée par l'ange de l'Annonciation, qui parle au nom de Dieu, comme « pleine de grâce» (cf. *Lc* 1, 28). Messager céleste auquel elle fait cette réponse : « Voici la servante du Seigneur, qu'il en soit de moi selon ta parole » (*Lc* 1, 38). Ainsi Marie, fille d'Adam, donnant à la Parole de Dieu son consentement, devint Mère de Jésus et, épousant à plein cœur, sans que nul péché ne la retienne, la volonté divine de salut, se livra elle-même intégralement, comme la servante du Seigneur, à la personne et à l'œuvre de son Fils, pour servir, dans sa dépendance et avec lui, par la grâce du Dieu tout-puissant, au mystère de la Rédemption.

C'est donc à juste titre que les saints Pères considèrent Marie non pas simplement comme un instrument passif aux mains de Dieu, mais comme apportant au salut des hommes la coopération de sa libre foi et de son obéissance. En effet, comme dit saint Irénée, "par son obéissance elle est devenue, pour elle-même et pour tout le genre humain, cause du salut".

Aussi avec lui, un bon nombre d'anciens Pères disent volontiers dans leurs prédications : « Le nœud dû à la désobéissance d'Ève s'est dénoué par l'obéissance de Marie ; ce qu'Ève la vierge avait noué par son incrédulité, la Vierge Marie l'a dénoué par sa foi" ; comparant Marie avec Ève, ils appellent Marie "la Mère des vivants" et déclarent souvent : "Par Ève la mort, par Marie la vie". »

Observations :
 Attention à l'adjectif « prédestinée ». L'Ecriture dit : « Ceux qu'il a prédestinés, il [Dieu] les a aussi appelés; ceux qu'il a appelés, il les a aussi justifiés; ceux qu'il a justifiés, il les a aussi glorifiés » (Rm 8, 30). Dieu agit pour le bien. Luther fit l'erreur d'ajouter que Dieu prédestine aussi au mal, une erreur que l'on retrouve aussi dans l'islam et que l'on retrouvera chez l'Antichrist[82]. Or, c'est faux. Nous sommes comme de bonnes et de mauvaises poteries (Rm 9,21) ; Dieu "a préparé" les vases d'élection (v.23), mais ce n'est pas lui qui prépare les vases pour la perdition, il les "supporte" (v.22)[83].

 Eve était vierge et immaculée, sortie toute pure des mains du Créateur, et elle n'avait pas de mauvais exemples. Eve a péché. Marie était vierge et immaculée, mais elle était entourée de mauvais exemples. Marie n'a pas péché, elle a au contraire attiré

---

[82] Bien évidemment, l'Antichrist et ses adeptes auront tout intérêt à dire qu'ils sont prédestinés à commettre toutes les iniquités qu'ils feront !
[83] Cf. CONCILE DE TRENTE, 6° session, Canons sur la justification.

Dieu. « En sorte que, une femme [latin : la femme] ayant contribué à l'œuvre de mort, de même une femme [latin : la femme] contribuât aussi à la vie. » (LG 56).

Mais pour qu'une femme puisse coopérer à l'œuvre de Dieu il faut qu'elle en ait la stature, qu'elle soit immaculée et comblée de grâce. Pour l'exprimer, le texte du concile intègre les traditions d'Orient (la Toute Sainte) et d'Occident (indemne de toute tache de péché).

La Vierge est placée devant « la parole de Dieu », qu'elle écoute avec la foi de son cœur vierge et obéissant, et elle donne son consentement ; dénouant ainsi le nœud dû à la désobéissance d'Eve qui elle aussi fut placée « devant la parole de Dieu ».

Son Oui situe la Vierge comme épouse de Dieu, « épousant à plein cœur… la volonté divine de salut ». Le cœur a ici le sens biblique, le lieu profond de la conscience et du don de soi.

Son Oui n'est pas retardé, « sans que nul péché ne la retienne ». Se reflète ici l'actualisation du dogme de l'Immaculée conception. Si auparavant la préservation du péché originel était comprise dans le but de donner une chair immaculée au Fils de Dieu, aujourd'hui la préservation du péché originel est comprise comme la possibilité d'une réponse pleinement humaine, d'un Oui libre, aimé et irrévocable.

Le Oui de Marie consacre Marie « à la personne et à l'œuvre du Christ », elle devient mère de Jésus qui est le sauveur. Elle est la servante du Seigneur, mais pour la rédemption de tous : « pour servir, dans sa dépendance et avec lui, par la grâce du Dieu tout-puissant au mystère de la Rédemption ». La rédemption ne dépend pas de Marie mais du Christ, mais le Père a voulu que Marie lui soit associée, d'une manière subordonnée, et Marie, librement et avec responsabilité s'y est associée.

Le concile n'enseigne pas uniquement à partir de l'Evangile de Luc mais à partir des pères de l'Eglise, notamment saint Irénée († vers l'an 200).

57. La Sainte Vierge et l'enfance de Jésus

« Cette union de la Mère avec son Fils dans l'œuvre du salut est manifeste dès l'heure de la conception virginale du Christ jusqu'à sa mort ; et d'abord quand Marie, partant en hâte pour visiter Élisabeth, est saluée par elle du nom de bienheureuse pour avoir cru au salut promis, tandis que le Précurseur tressaillait au sein de sa mère (cf. *Lc* 1, 41-45) ; lors de la Nativité ensuite, quand la Mère de Dieu présenta dans la joie aux pasteurs et aux mages son Fils premier-né, dont la naissance était non la perte mais la consécration de son intégrité virginale.

Puis lorsque, dans le Temple, après avoir fait l'offrande des pauvres, elle présenta son Fils au Seigneur, elle entendit Siméon prophétiser en même temps que le Fils serait un signe de contradiction, et que l'âme de la mère serait transpercée d'un glaive : ainsi se révéleraient les pensées intimes d'un grand nombre (cf. *Lc* 2, 34-35).

Ayant perdu l'Enfant Jésus et l'ayant cherché avec angoisse, ses parents le trouvèrent au Temple occupé dans la maison de son Père, et la parole du Fils ne fut pas comprise par eux. Sa mère cependant gardait tout cela dans son cœur et le méditait (cf. *Lc* 2, 41-51). »

Observations :
Le concile a choisi la simplicité et le récit.
Il nous prépare à percevoir le « pèlerinage de la foi » de Marie (LG 58), en contemplant son union à Jésus. Cette foi constitue la virginité du cœur qui consacre la virginité physique de Marie.
Il est bon aussi d'observer que Jésus, Marie, et Joseph sont proches de nous. La vie de la sainte famille est un soutien pour nos familles car ils ont traversé nos épreuves : l'épreuve au moment des fiançailles quand Joseph ne comprend pas, la naissance de Jésus à Bethléem où la tribu de David ne les accueille pas, la pauvreté de la crèche, la violence d'Hérode, l'épreuve de la fuite en un pays étranger, la recherche d'un travail…

58. La Sainte Vierge et le ministère public de Jésus

« Pendant la vie publique de Jésus, sa mère apparaît expressément, et dès le début, quand aux noces de Cana en Galilée, touchée de pitié, elle provoque par son intercession le premier signe de Jésus le Messie (cf. *Jn* 2, 1-11). Au cours de la prédication de Jésus, elle accueillit les paroles par lesquelles le Fils, mettant le Royaume au-delà des considérations et des liens de la chair et du sang, proclamait bienheureux ceux qui écoutent et observent la Parole de Dieu (cf.*Mc* 3, 35 par. et *Lc* 11, 27-28), comme elle le faisait fidèlement elle-même (cf. *Lc* 2, 19.51).

Ainsi la bienheureuse Vierge avança dans **son pèlerinage de foi**, gardant fidèlement l'union avec son Fils jusqu'à la croix où, non sans un dessein divin, elle était debout (cf. *Jn* 19, 25), souffrant cruellement avec son Fils unique, associée d'un cœur maternel à son sacrifice, donnant à l'immolation de la victime, née de sa chair, le consentement de son amour, pour être enfin, par le même Christ Jésus mourant sur la croix, donnée comme sa Mère au disciple par ces mots : "Femme, voici ton Fils" (cf. *Jn* 19, 26-27). »

Observations :

Le concile souligne la dimension profonde de la présence de la Vierge sur le Calvaire ; elle se tient droite, et son consentement à l'immolation de Jésus ne constitue pas une acceptation passive, mais un acte authentique d'amour, elle est réellement protagoniste de l'événement rédempteur, tout en restant subordonnée à son Fils divin. (La mort en elle-même n'est pas un sacrifice, pour qu'elle devienne un sacrifice il faut au moins deux choses : la volonté du Père qui veut cette mort comme un sacrifice et la volonté humaine qui la consomme en obéissance au Père).

Aux insultes arrogantes dirigées contre le Messie crucifié, partageant les dispositions intimes de Jésus, Elle oppose l'indulgence et le pardon, en s'associant à la supplique au Père : « Pardonne-leur: ils ne savent pas ce qu'ils font » (Lc 23, 34).

59. La Sainte Vierge après l'Ascension

« Mais Dieu ayant voulu que le mystère du salut des hommes ne se manifestât ouvertement qu'à l'heure où il répandrait l'Esprit promis par le Christ, on voit les Apôtres, avant le jour de Pentecôte, « persévérant d'un même cœur dans la prière avec quelques femmes dont Marie, Mère de Jésus, et avec ses frères » (*Ac* 1, 14) ; et l'on voit Marie appelant elle aussi de ses prières le don de l'Esprit qui, à l'Annonciation, l'avait déjà elle-même prise sous son ombre. Enfin la Vierge immaculée, préservée par Dieu de toute souillure de la faute originelle, ayant accompli le cours de sa vie terrestre, fut **élevée corps et âme à la gloire du ciel**, et exaltée par le Seigneur comme la **Reine de l'univers, pour être ainsi plus entièrement conforme à son Fils, Seigneur des seigneurs (cf.** *Ap* **19, 16), victorieux du péché et de la mort.** »

Observations :

Le concile fait le lien avec l'Annonciation. Par l'Esprit Saint, Marie à l'Annonciation est la mère du sauveur, et, à la Pentecôte, elle est la mère des sauvés.

Le concile reprend la définition dogmatique de Pie IX concernant l'Immaculée. Le concile ré-affirme l'Assomption et sous-entend le lien entre l'Immaculée conception et l'Assomption de Marie, comme l'avait fait Pie XII dans la *Munificentissimus Deus*. Enfin, le concile affirme Marie Reine de l'univers, comme l'avait fait Pie XII dans *Ad coeli Reginam*.

Le concile indique la raison de ces privilèges de Marie : « pour être ainsi plus entièrement conforme à son Fils, Seigneur des seigneurs (cf. *Ap 19,16*) [= voilà ce qui explique Marie reine de l'univers], victorieux du péché [= voilà ce qui explique Marie immaculée] et de la mort [= voilà ce qui explique l'Assomption de Marie]. »

III. La Vierge et l'Église

60. Marie, servante du Seigneur

« Unique est notre Médiateur selon les paroles de l'Apôtre : « Car, il n'y a qu'un Dieu, il n'y a aussi qu'un Médiateur entre Dieu et les hommes, le Christ Jésus, homme lui-même, qui s'est donné en rançon pour tous » (*1Tm* 2, 5-6). Mais le rôle maternel de Marie à l'égard des hommes n'offusque et ne diminue en rien cette unique médiation du Christ : il en manifeste au contraire la vertu.

Car toute influence salutaire de la part de la bienheureuse Vierge sur les hommes a sa source dans une disposition purement gratuite de Dieu : elle ne naît pas d'une nécessité objective, mais découle de la surabondance des mérites du Christ ; elle s'appuie sur sa médiation, dont elle dépend en tout et d'où elle tire toute sa vertu ; l'union immédiate des croyants avec le Christ ne s'en trouve en aucune manière empêchée, mais au contraire favorisée. »

Observations :

1) La médiation de Marie « a sa source dans une disposition purement gratuite de Dieu : elle ne naît pas d'une nécessité objective » : on n'enferme pas Dieu dans une logique et des axiomes.
2) Elle « découle de la surabondance des mérites du Christ », et elle « s'appuie sur sa médiation (du Christ) ».
3) « dont elle dépend en tout », les paroles de Jésus « Sans moi vous ne pouvez rien faire » (Jn 15,15) valent aussi pour Marie… « et d'où elle tire toute sa vertu » : la parabole de la vigne et des sarments vaut aussi pour Marie.
4) « L'union immédiate des croyants avec le Christ ne s'en trouve en aucune manière empêchée, mais au contraire aidée ». Cette phrase est surtout présente pour lever les objections des frères protestants.

61. Marie, l'associée du Seigneur

« La bienheureuse Vierge, prédestinée de toute éternité, à l'intérieur du dessein d'incarnation du Verbe, pour être la Mère de Dieu, fut sur la terre, en vertu d'une disposition de la Providence divine, l'aimable Mère du divin Rédempteur, généreusement associée à son œuvre <u>à un titre absolument unique</u>, humble servante du Seigneur. En concevant le Christ, en le mettant au monde, en le nourrissant, en le présentant dans le Temple à son Père, en souffrant avec son Fils qui mourait sur la croix, elle apporta à l'œuvre du Sauveur une coopération absolument sans pareille <u>par</u> son obéissance, sa foi, son espérance, son ardente charité, <u>pour que</u> soit rendue aux âmes la vie surnaturelle. C'est pourquoi elle est devenue pour nous, dans l'ordre de la grâce, notre Mère. »

Observations :
« A un titre absolument unique », en latin, « singulater prae aliis ». « singulater » : d'une manière éminente, extraordinaire ; « prae aliis » plus que les autres. Autrement dit, Marie n'est pas la seule à être associée à l'œuvre du Rédempteur, mais elle est plus que les autres :
- a) Par sa vie intérieure, ses mérites « par son obéissance, sa foi, son espérance, son ardente charité » (= Cause ou dimension formelle).
- b) Par son intention (en conformité avec la volonté du Père) : « pour que soit rendue aux âmes la vie surnaturelle » (= Cause ou dimension finale).

62. Marie, Mère de la grâce

« À partir du consentement qu'elle apporta par sa foi au jour de l'Annonciation et qu'elle maintint sous la croix dans sa fermeté, cette maternité de Marie dans l'économie de la grâce <u>se continue sans interruption</u> jusqu'à la consommation définitive de tous les élus. En effet, après l'Assomption au ciel, son rôle dans le salut ne s'interrompt pas : par <u>son intercession multiple</u>, elle continue à nous obtenir les dons qui assurent <u>notre salut éternel</u>.

<u>Son amour maternel </u>la rend attentive aux frères de son Fils dont le pèlerinage n'est pas achevé, et qui se

trouvent engagés dans les périls et les épreuves, jusqu'à ce qu'ils parviennent à la patrie bienheureuse.

C'est pourquoi la bienheureuse Vierge est invoquée dans l'Église sous les titres d'avocate, auxiliatrice, secourable, médiatrice, tout cela cependant entendu de telle sorte que nulle dérogation, nulle addition n'en résulte quant à la dignité et à l'efficacité de l'unique Médiateur, le Christ.

Aucune créature en effet ne peut jamais être mise sur le même pied que le Verbe incarné et rédempteur. Mais tout comme le sacerdoce du Christ est participé sous des formes diverses, tant par les ministres que par le peuple fidèle, et tout comme l'unique bonté de Dieu se répand réellement sous des formes diverses dans les créatures, ainsi l'unique médiation du Rédempteur n'exclut pas, mais suscite au contraire une coopération variée de la part des créatures, en dépendance de l'unique source.

Ce rôle subordonné de Marie, l'Église le professe sans hésitation ; elle ne cesse d'en faire l'expérience ; elle le recommande au cœur des fidèles pour que cet appui et ce secours maternels les aident à s'attacher plus intimement au Médiateur et Sauveur. »

Observations :
Le concile souligne la continuité entre la maternité spirituelle de Marie sur la terre et au ciel.

Le concile n'a pas voulu préciser les modalités concrètes de la maternité spirituelle de Marie au ciel (prière, intercession, aide, intervention, apparitions) : « son intercession multiple ».

L'action maternelle de Marie a d'abord pour but notre salut éternel. Mais elle concerne aussi tous « les périls et les épreuves » liés à la vie terrestre. Par quel moyen Marie agit-elle ? Par l'amour maternel.

63. Marie, modèle de l'Église

« La bienheureuse Vierge, de par le don et la charge de sa maternité divine qui l'unissent à son fils, le Rédempteur, et de par les grâces et les fonctions singulières qui sont siennes, se trouve également en intime union avec l'Église : de l'Église, comme l'enseignait déjà saint Ambroise, la Mère de Dieu est le modèle dans l'ordre de la foi, de la charité et de la parfaite union au Christ.

En effet, dans le mystère de l'Église, qui reçoit elle aussi à juste titre le nom de Mère et de Vierge, la bienheureuse Vierge Marie occupe la première place, offrant, à un titre éminent et singulier, le modèle de la vierge et de la mère : par sa foi et son obéissance, elle a engendré sur la terre le Fils lui-même du Père, sans connaître d'homme, enveloppée par l'Esprit Saint, comme une nouvelle Ève qui donne, non à l'antique serpent, mais au messager de Dieu, une foi que nul doute n'altère. Elle engendra son Fils, dont Dieu a fait le premier-né parmi beaucoup de frères (*Rm* 8, 29), c'est-à-dire parmi les croyants, à la naissance et à l'éducation desquels elle apporte la coopération de son amour maternel. »

Observations :

Marie n'est pas seulement le type ou la figure de l'Eglise, ce qui suggère habituellement l'idée d'une infériorité par rapport à ce qui est représenté, mais elle est son « modèle », modèle de la vierge (par la foi) et de la mère.

Modèle de foi (à l'Annonciation, à la croix…) modèle de charité (elle accueille les bergers, elle accueille les disciples qui ont abandonné Jésus…).

Cependant, Marie n'est pas un modèle comme par exemple un modèle de couture ou un plan d'architecte. Elle est un modèle vivant, agissant, un moule vivant… Elle stimule en nous ce que nous avons de meilleur. Nous passons ainsi de l'idée de modèle à l'idée de coopération ou de médiation maternelle que le concile développe :

« … les croyants, à la naissance et à l'éducation desquels elle apporte la coopération de son amour maternel » : l'action de Marie coopère (maintenant, au présent) à l'action du Christ et des Sacrements, spécialement le baptême, sacrement de la régénération.

Par exemple, dans ce que l'on appelle consécration à Jésus par Marie, on se donne à Dieu pour qu'il opère en nous son œuvre créatrice et rédemptrice (Marie étant le « milieu » maternel, le « lieu saint » où Dieu peut opérer pleinement). Il se produit à la fois un renouvellement des vœux du baptême et une réactualisation, dans l'Esprit Saint, de la grâce du baptême.

64. L'Église, Mère et Vierge

« Mais en contemplant la sainteté mystérieuse de la Vierge et en imitant sa charité, en accomplissant fidèlement la volonté du Père, l'Église (grâce à la Parole de Dieu qu'elle reçoit dans la foi) devient à son tour Mère : par la prédication en effet, et par le baptême, elle engendre à une vie nouvelle et immortelle des fils conçus du Saint-Esprit et nés de Dieu.

Elle aussi est vierge, ayant donné à son Epoux sa foi, qu'elle garde intègre et pure ; imitant la Mère de son Seigneur, elle conserve, par la vertu du Saint-Esprit, dans leur pureté virginale une foi intègre, une ferme espérance, une charité sincère. »

Observations :

Dieu qui avait voulu la coopération libre et responsable de Marie à l'Incarnation de son Fils veut aussi la libre coopération libre et responsable de l'Eglise qui devient « Vierge-Mère ».

65. L'Église et l'imitation des vertus de Marie

« Cependant, si l'Église en la personne de la bienheureuse Vierge atteint déjà à la perfection sans tache ni ride (cf. *Ep* 5, 27), les fidèles du Christ, eux, sont encore tendus dans leur effort pour croître en sainteté par la victoire sur le péché : c'est pourquoi ils lèvent leurs yeux vers Marie exemplaire de vertu qui rayonne sur toute la communauté des élus.

En se recueillant avec piété dans la pensée de Marie, qu'elle contemple dans la lumière du Verbe fait homme, l'Église pénètre avec respect plus avant dans le mystère suprême de l'Incarnation et devient sans cesse plus conforme à son Époux. En effet intimement entrée dans l'histoire du salut, Marie rassemble et reflète en elle-même d'une certaine façon les requêtes suprêmes de la foi et lorsqu'on la prêche et l'honore, <u>elle renvoie les croyants à son Fils</u> et à son sacrifice, ainsi qu'à l'amour du Père.

<u>L'Église, à son tour, poursuivant la gloire du Christ,</u> se fait de plus en plus semblable à son grand modèle en progressant continuellement dans la foi, l'espérance et la charité, en recherchant et accomplissant en tout la divine volonté. C'est pourquoi, dans l'exercice de son apostolat, l'Église regarde à juste titre vers celle qui engendra le Christ, conçu du Saint-Esprit et né de la Vierge précisément afin de naître et de grandir aussi par l'Église dans le cœur des fidèles.

La Vierge a été par sa vie le <u>modèle de cet amour maternel dont doivent être animés</u> tous ceux qui, associés à la mission apostolique de l'Église, coopèrent pour la régénération des hommes. »

Observations :
1. Marie est l'archétype de la sainteté de l'Eglise
2. Marie est modèle des vertus
3. Par Marie à son Fils
4. Par le Christ à Marie
5. Marie modèle de l'action apostolique

Exemple 1 : Ceux qui participent à la mission de l'Eglise doivent être animés de la foi, de la patience, de la douceur de Marie ; ils doivent prendre pour modèle sa pureté, son espérance, sa miséricorde...

Exemple 2 : Marie nous inspire pendant la messe :
- Accueil / Marie vierge de l'accueil
- Confiteor / Marie, mère de miséricorde
- Lectures / Marie nous aide à garder et à méditer toute chose dans notre cœur (Lc 2, 19, 51).
- Homélie qui donne des exemples concrets et actualise la Parole / Marie nous aide à incarner la Parole.
- Consécration / Tenir l'hostie comme Marie tenait Jésus à la crèche ou au pied de la croix… Etre avec Marie, unie au Christ jusqu'à la croix.
- Communion / Marie « épouse » nous aide à communier profondément au Christ.
- Envoi / Marie, comme au cénacle de la Pentecôte, nous encourage à partir en mission.

Cet exemple, par son « christocentrisme », nous introduit bien à ce qui va suivre.

IV. Le culte de la Vierge dans l'Église

66. Nature et fondement du culte de la Sainte Vierge

« Ayant pris part, comme la Mère très sainte de Dieu, aux mystères du Christ, élevée par la grâce de Dieu, après son Fils, au-dessus de tous les anges et les hommes, Marie est légitimement honorée par l'Église d'un culte spécial.

Et de fait, depuis les temps les plus reculés, la bienheureuse Vierge est honorée sous le titre de « Mère de Dieu » ; et les fidèles se réfugient sous sa protection, l'implorant dans tous les dangers et leurs besoins.

Surtout depuis le Concile d'Ephèse, le culte du Peuple de Dieu envers Marie a connu un merveilleux accroissement, sous les formes de la vénération et de l'amour, de l'invocation et de l'imitation, réalisant ses propres paroles prophétiques : « Toutes les générations m'appelleront bienheureuse, car le Tout-Puissant a fait en moi de grandes choses » (*Lc* 1, 48).

Ce culte, tel qu'il a toujours existé dans l'Église, présente un caractère absolument unique ; il n'en est pas moins essentiellement différent du culte d'adoration qui est rendu au Verbe incarné ainsi qu'au Père et à l'Esprit Saint ; il est éminemment apte à le servir. En effet, les formes diverses de piété envers la Mère de Dieu, que l'Église approuve (maintenues dans les limites d'une saine doctrine orthodoxe) en respectant les conditions de temps et de lieu, le tempérament et le génie des peuples fidèles, font que, à travers l'honneur rendu à sa Mère, le Fils, pour qui tout existe (cf. *Col* 1, 15-16) et en qui il a plu au Père éternel « de faire habiter toute la plénitude » (*Col* 1, 19), peut être comme il le doit, connu, aimé, glorifié et obéi dans ses commandements. »

Observations.

- Le concile donne trois fondements du culte marial :
a) Marie est la « Mère très sainte de Dieu » (maternité et sainteté fondent son culte).

b) Marie est « présente aux mystères du Christ », c'est à dire le fait qu'elle fut associée à son œuvre rédemptrice.
c) Marie est « élevée », c'est à dire qu'elle est reine de l'univers, d'une manière subordonnée au Christ roi.

- Le concile donne trois références du caractère traditionnel du culte marial :
a) L'évangile (Lc 1,48) qui décrit l'attitude de la première communauté chrétienne.
b) La prière du « Sub tuum Praesidium » datant du 2e ou 3e siècle, avant le concile de Nicée, et comportant déjà le titre de Mère de Dieu. C'est ce à quoi fait allusion « depuis les temps les plus reculés, la bienheureuse Vierge est honorée sous le titre de " Mère de Dieu" ; et les fidèles se réfugient sous sa protection, l'implorant dans tous les dangers et leurs besoins. » (LG 66)
c) Le concile d'Ephèse (431).

Le concile précise quelle est la nature du culte marial : il est au-dessus du culte rendu aux anges et aux saints mais il est distinct et inférieur au culte rendu à Dieu.
Le concile rappelle que le culte marial est christocentrique, son but est de nous conduire au Christ.

67. L'esprit de la prédication et du culte de la Sainte Vierge

« Cette doctrine catholique, le saint Concile l'enseigne formellement.

Il invite en même temps les fils de l'Église à apporter un concours généreux au culte, surtout liturgique, envers la bienheureuse Vierge, à faire grand cas des pratiques et exercices de piété envers elle, que le magistère a recommandés au cours des siècles et à conserver religieusement toutes les règles portées dans le passé au sujet du culte des images du Christ, de la bienheureuse Vierge et des saints.

Il exhorte vivement les théologiens et ceux qui portent la Parole de Dieu à s'abstenir avec le plus grand soin, quand la dignité unique de la Mère de Dieu est en cause, à la fois de tout excès contraire à la vérité et non moins d'une étroitesse injustifiée.

L'application à la Sainte Écriture, aux écrits des Pères et des docteurs, à l'étude des liturgies de l'Église, sous la conduite du magistère, doit leur faire mettre dans une juste lumière le rôle et les privilèges de la bienheureuse Vierge, lesquels sont toujours orientés vers le Christ, source de toute vérité, sainteté et piété.

Qu'ils se gardent avec le plus grand soin de toute parole ou de tout geste susceptibles d'induire en erreur (sur la véritable doctrine de l'Église) soit nos frères séparés, soit toute autre personne.

Que les fidèles se souviennent en outre qu'une véritable dévotion ne consiste nullement dans un mouvement stérile et éphémère de la sensibilité, pas plus que dans une vaine crédulité ; la vraie dévotion procède de la vraie foi, qui nous conduit à reconnaître la dignité éminente de la Mère de Dieu, et nous pousse à aimer cette Mère d'un amour filial, et à poursuivre l'imitation de ses vertus. »

<u>Observation</u> :
Le concile s'adresse aussi bien aux théologiens qu'aux simples fidèles, afin que tous soient pieux et équilibrés.

V. Marie, signe d'espérance et de consolation pour le Peuple de Dieu en marche

68. Marie, signe d'espérance

« Cependant, tout comme dans le ciel où elle est déjà glorifiée corps et âme, la Mère de Jésus représente et inaugure l'Église en son achèvement dans le siècle futur, de même sur cette terre, en attendant la venue du jour du Seigneur (cf. 2 P 3, 10), elle brille déjà devant le Peuple de Dieu en pèlerinage comme un signe d'espérance assurée et de consolation. »

Observations :
Au pèlerinage de la foi de Marie (LG 58) correspond son rôle comme signe d'espérance et de consolation pour le peuple de Dieu en pèlerinage lui aussi…

69. Marie et l'union des chrétiens

« Le saint Concile trouve une grande joie et consolation au fait que, parmi nos frères séparés, il n'en manque pas qui rendent à la Mère de notre Seigneur et Sauveur l'honneur qui lui est dû, chez les Orientaux en particulier, lesquels vont, d'un élan fervent et d'une âme toute dévouée, vers la Mère de Dieu toujours Vierge pour lui rendre leur culte. Il faut que tous les fidèles croyants adressent à la Mère de Dieu et la Mère des hommes d'instantes supplications, afin qu'après avoir assisté de ses prières l'Église naissante, maintenant encore, exaltée dans le ciel au-dessus de tous les bienheureux et des anges, elle continue d'intercéder près de son Fils dans la communion de tous les saints, jusqu'à ce que toutes les familles des peuples, qu'ils soient déjà marqués du beau nom de chrétiens ou qu'ils ignorent encore leur Sauveur, soient enfin heureusement rassemblés dans la paix et la concorde en un seul Peuple de Dieu à la gloire de la Très Sainte et indivisible Trinité. »

Observations.
Le concile mentionne Marie dans la communion des saints, ce qui est aussi d'une grande importance œcuménique. Cette délicieuse sensibilité œcuménique[84], sans nuire à la vérité, révèle la charité apostolique de l'Eglise.
Le concile élargit son horizon à tous les peuples.

---

[84] Pour aller plus loin : GROUPE DES DOMBES, Marie dans le dessein de Dieu et la communion des saints. Tome I : Dans l'histoire et l'Ecriture (1997). Marie dans le dessein de Dieu et la communion des saints. Tome II : Controverse et conversion (1998).
Le groupe des Dombes est un groupe de recherche œcuménique (catholiques, protestants, orthodoxes) qui travaille depuis l'après-seconde guerre mondiale.

Excursus 2 : Le culte marial

Le « je vous salue Marie » n'a aucune raison de diviser : ses paroles sont issues de l'Evangile de Luc pour la première partie (paroles de l'ange Gabriel, paroles d'Elisabeth), et d'invocations remontant aux premiers siècles pour la seconde partie (« mère de Dieu », « prie pour nous »).

Les protestants acceptent généralement de prier « avec » Marie ou « comme » Marie, mais refusent généralement une prière qui s'adresse « à Marie ».
Dans les faits, la réalité vécue est relationnelle et vivante, et ces nuances sont de l'ordre de l'ineffable, et de la circulation d'amour, de la liberté du cœur. C'est pourquoi ces nuances ne doivent pas diviser.

La lettre apostolique de Jean-Paul II sur le Rosaire mérite d'être lue.
« Le Rosaire est une prière contemplative...
C'est se souvenir du Christ avec Marie…
Par Marie, apprendre le Christ...
Se conformer au Christ avec Marie...
Supplier le Christ avec Marie...
Annoncer le Christ avec Marie. » (§ 12.17)

« Jamais comme dans le Rosaire, le chemin du Christ et celui de Marie n'apparaissent aussi étroitement unis. » (§15)

Des saints ont dit :
« Faisons passer nos prières par les mains de la sainte Vierge, Elle les embaumera. » (St curé d'Ars)

« L'âme finement orgueilleuse, trompée par le démon du midi, fait tout ce qu'elle peut intérieurement pour s'élever au degré sublime des oraisons des saints, [...] ferme d'elle-même l'oreille aux prières et au salut d'un ange [Ave Maria] et même à l'oraison qu'un Dieu a faite [Notre Père], pratiquée et recommandée, et, par-là, elle tombe d'illusion en illusion, et de précipice en précipice...
Si cependant Dieu, par sa très grande miséricorde, vous attire au milieu de votre chapelet aussi puissamment que quelques saints, laissez-vous aller à son attrait, laissez Dieu opérer et prier en vous et y réciter le Rosaire en sa manière, et que celui-là vous suffise dans la journée. Mais si vous n'êtes que dans la contemplation active ou oraison ordinaire, de quiétude, de présence de Dieu et d'affection, vous avec encore moins de raison de quitter le Rosaire, et bien loin de reculer dans l'oraison et la vertu en le récitant, qu'au contraire, il vous sera un aide merveilleux et la véritable échelle de Jacob, où il y avait 15 échelons, par lesquels vous irez de vertu en vertu, de lumières en lumières, et arriverez facilement sans tromperie jusqu'à la plénitude de l'âge de Jésus Christ. »[85]

---

[85] St Louis Marie de MONTFORT, *Le Secret du Très saint Rosaire* § 77-78

La Vierge Marie dans l'histoire de la fin

Le rôle de Marie dans le processus de la Fin[86] se situe à plusieurs niveaux :

- Par la sainteté de la « Pleine de grâce » les chrétiens se prémuniront des séductions de l'Antichrist.

- Par la bonté de la Mère qui se tenait debout au calvaire, les chrétiens trouveront une consolation dans les épreuves et les persécutions de l'Antichrist.

- Par le Cœur sage et ouvert de la Vierge qui accueillit l'Incarnation, les chrétiens s'ouvriront eux aussi à la Venue du Christ, non plus dans l'Incarnation, mais dans sa venue glorieuse.

- Avec Marie que Satan n'a jamais pu atteindre, les justes durant le millenium « récapituleront » la victoire sur le mal et sur Satan.

---

[86] Cf. Françoise BREYNAERT, *La Venue glorieuse du Christ* (postface Daniel Ange), Editions du Jubilé, 2016.

St Joseph en 5 points

1- Vrai Père « gardien du rédempteur »

Le titre de père, reconnu à saint Joseph par Marie et par Jésus (Lc 2, 48) montre que la paternité humaine n'est pas seulement, comme chez les animaux, l'acte simple de la génération, mais elle comprend d'autres fonctions, comme l'accueil et l'éducation. Saint Joseph a accueilli Jésus et lui donné le nom, la subsistance, l'éducation, le métier et la condition sociale, sans rien négliger de ses devoirs de père.

Saint Joseph pourrait être vu comme le patron des enfants dans le sein de leur mère, car l'ange lui dit de prendre Marie pour femme alors qu'elle était enceinte de Jésus (Mt 1 18-25). Il fut le protecteur de Jésus avant sa naissance.

Pendant la fuite en Egypte, la sainte famille est confiée à la garde de Joseph, qui se laisse guider par Dieu. La liturgie rappelle qu'« à saint Joseph a été confiée la garde des mystères du salut à l'aube des temps nouveaux » et elle précise qu'« il fut le serviteur fidèle et prudent à qui Dieu confia la sainte Famille pour qu'il veille comme un père sur son Fils unique ». Dieu a jugé suffisante pour son Fils la fidélité et la prudence de Joseph.

2 - Vrai époux « époux de la vierge Marie »

Nous suivons la lettre apostolique de saint Jean-Paul II, *Redemptoris custos* (RC).

« "Joseph fit ce que l'Ange du Seigneur lui avait prescrit : il prit chez lui son épouse"; ce qui est engendré en elle "vient de l'Esprit-Saint" (Mt 1, 20) : ne faut-il pas conclure, devant ces expressions, que son amour d'homme est, lui aussi, régénéré par l'Esprit-Saint ? » (RC 19).

L'amour établit une communion. Joseph « participe » au mystère de l'Incarnation, avec Marie, « entraîné dans la réalité du même événement salvifique » (RC 1).

En participant au mystère, Joseph soutient la foi de Marie : « En ayant devant les yeux le texte des deux évangélistes, Matthieu et Luc, on peut dire également que Joseph est le premier à participer à la foi de la Mère de Dieu, et qu'ainsi il soutient son épouse dans la foi à l'Annonciation divine ». Il est « placé par Dieu » auprès de Marie pour la soutenir dans son « pèlerinage de la foi » (RC 5).

3- Joseph rendit le travail humain proche du mystère de la Rédemption

Jean-Paul II continue :

« Le travail humain, en particulier le travail manuel, prend un accent spécial dans l'Évangile. Il est entré dans le mystère de l'Incarnation en même temps que l'humanité du Fils de Dieu, de même aussi qu'il a été racheté d'une manière particulière. Grâce à son atelier où il exerçait son métier en même temps que Jésus, Joseph rendit le travail humain proche du mystère de la Rédemption. » (*Redemptoris custos* 22)

4- Patron de l'Eglise universelle.

En 1870, le pape Pie IX confia l'Eglise à la protection spéciale de saint Joseph, le déclarant « patron de l'Eglise Catholique. »

Le pape François a célébré sa messe d'intronisation le 19 mars, fête de saint Joseph. En la première année de son pontificat, il a promulgué un décret pour que soit nommé saint Joseph dans le canon de toutes les prières eucharistiques.

5- Maître d'oraison

Ecoutons sainte Thérèse d'Avila :

« Depuis plusieurs années, ce me semble, que je lui demande [à saint Joseph] quelque chose le jour de sa fête, il m'a toujours exaucée ; lorsque ma demande n'est pas tout à fait juste, il la redresse, pour mon plus grand bien. [...]

Les personnes d'oraison, en particulier, devraient toujours s'attacher à lui ; car je ne sais comment on peut penser à la Reine des Anges au temps qu'elle vécut auprès de l'enfant Jésus, sans remercier saint Joseph de les avoir si efficacement aidés.

Que ceux qui ne trouveraient pas de maître pour leur enseigner l'oraison prennent pour maître ce glorieux saint, et ils ne s'égareront pas en chemin. »[87]

---

[87] Sainte THERESE D'AVILA, autobiographie VI, 7-8.

Excursus. Saint Joseph dans les révélations privées :
En 1660, saint Joseph est apparu en France à Cotignac, invitant un berger à soulever une pierre pour trouver une source...

Vers 1670, en Pologne à Kalisz (1670), saint Joseph a guéri un homme en lui révélant un tableau représentant la sainte famille, l'Esprit Saint, Dieu le Père - tableau intitulé "Allez à Joseph".

En 1879, les apparitions silencieuses de Knock, en Irlande, montrent la Vierge Marie, saint Joseph, saint Jean, l'autel et le Christ Agneau.

En octobre 1917, saint Joseph est vu par les voyants de Fatima.

De 1904 à 1967 au Québec, le frère André construit sur un mont un monumental oratoire à saint Joseph - miracles et guérisons abondent...

Au début du XXI° siècle, au Brésil, sont alléguées des apparitions à Itapiranga qui recommandent la dévotion au cœur très chaste de saint Joseph, le mercredi qui suit la solennité du Sacré Cœur de Jésus (le sanctuaire est béni mais la reconnaissance est partielle). Une prière est transmise[88].

---

[88] Je vous salue Joseph, Fils de David, homme juste et virginal, la sagesse est avec vous.
Vous êtes béni entre tous les hommes, et Jésus, le fruit de votre fidèle épouse Marie, est béni.
Saint Joseph, père digne, protecteur de Jésus-Christ et de la sainte Eglise, priez pour nous, obtenez-nous la sagesse divine de Dieu et secourez nous à l'heure de notre mort.

Table des matières

Introduction 1
MARIE DANS L'ECRITURE 2
Saint Paul aux Galates 2
Saint Marc. 2
Marie dans les courants du judaïsme 7
L'Annonciation. Luc 1, 26-38 12
    L'Incarnation 12
    Un dialogue d'Alliance 15
    Hommes et femmes 16
    Annonciation – Sinaï - Genèse 17
    Purifiés 19
    Comparaison avec le Coran 20
    Avec saint Ignace de Loyola. 21
La Visitation. Luc 1, 39-56 22
    Marie arche d'Alliance 23
Le Magnificat. Luc 1, 46-55 25
Noël. Luc 2, 1-20 27
La présentation de Jésus au temple. Luc 2, 21-35 30
Jésus perdu et retrouvé au Temple. Luc 2, 41-52 35
Actes des apôtres 39
Matthieu 1-2 41
Jean 2 et Jean 19 44

Les noces de Cana, prototype des sept signes 44

Marie au Calvaire, Marie et l'unité 46

Marie, nouvelle Jérusalem où se rassembleront les fils de Dieu dispersés 49

Apocalypse 52

Fille de Sion et mère du Fils de l'homme 57

DOCTRINE MARIALE 60

Introduction 60

Credo de Nicée-Constantinople (381) 62

« Mère de Dieu ». Concile d'Ephèse et Chalcédoine . 63

Marie toujours vierge 65

Les deux dogmes catholiques récents : la question ecclésiologique 70

Excursus 1. Les blessures humaines du XVI° et XVII° siècle 71

L'Immaculée conception 73

    La maturation, les bases doctrinale du dogme de 1854 73

    Le contexte pastoral de la proclamation du dogme 76

    Le dogme (1854) 77

    Après le dogme 79

L'Assomption 81

    Assomption et option préférentielle pour les pauvres 83

Marie suit son Fils dans la mort et la résurrection 84
Assomption de Marie et fin du monde 86
Marie à Vatican II 89
I. Introduction 91
52. La Sainte Vierge dans le mystère du Christ 91
53. La Sainte Vierge et l'Église 92
54. L'intention du Concile 93
II. Rôle de la Sainte Vierge dans l'économie du salut 95
55. La Mère du Messie dans l'Ancien Testament ... 95
56. Marie à l'Annonciation 96
57. La Sainte Vierge et l'enfance de Jésus 100
58. La Sainte Vierge et le ministère public de Jésus 101
59. La Sainte Vierge après l'Ascension 103
III. La Vierge et l'Église 104
60. Marie, servante du Seigneur 104
61. Marie, l'associée du Seigneur 105
62. Marie, Mère de la grâce 106
63. Marie, modèle de l'Église 108
64. L'Église, Mère et Vierge 110
65. L'Église et l'imitation des vertus de Marie 110
IV. Le culte de la Vierge dans l'Église 112

66. Nature et fondement du culte de la Sainte Vierge 112

67. L'esprit de la prédication et du culte de la Sainte Vierge 114

V. Marie, signe d'espérance et de consolation pour le Peuple de Dieu en marche 117

68. Marie, signe d'espérance 117

69. Marie et l'union des chrétiens 117

Excursus 2 : Le culte marial 119

La Vierge Marie dans l'histoire de la fin 121

St Joseph en 5 points 122

1- Vrai Père « gardien du rédempteur » 122

2 - Vrai époux « époux de la vierge Marie » 122

3- Joseph rendit le travail humain proche du mystère de la Rédemption 123

4- Patron de l'Eglise universelle. 124

5- Maître d'oraison 124

Du même auteur 131

Du même auteur

Trente-trois jours pour se consacrer à Jésus-Christ par Marie, EDB, Nouan le Fuzelier, 2012 (traduit en espagnol, Edibesa, Madrid 2013) (Nihil obstat)

Parcours biblique. (Imprimatur de Mgr Ulrich). Parole et Silence, Paris 2016

Parcours christologique. (Imprimatur de Mgr Ulrich). Parole et Silence, Paris 2016

La Venue glorieuse du Christ, Edition Le Jubilé, 2016

La bonne nouvelle aux défunts, nouveau paradigme de la théologie des religions, Via romana, Versailles, 2014 (Préface Mgr Minnerath)

Amsterdam, La Dame de tous les peuples, Explications des messages et de la demande du 5° dogme, éditions rassemblement à son image 2014

Marthe Robin. L'amour miséricordieux. (Livre Ouvert, 2015, Editions de l'Emmanuel 2017)

L'arbre de vie, symbole central de la spiritualité de Saint Louis-Marie de Montfort, Parole et silence, Paris, 2006 (Thèse de doctorat mention suprême)

http://ecoledemariedenazareth.e-monsite.com/

© 2016, Françoise Breynaert

Edition : BoD - Books on Demand
12/14 rond-point des Champs Elysées, 75008 Paris
Impression : Books on Demand GmbH, Norderstedt, Allemagne
ISBN : 9782322077489
Dépôt légal : Mai 2016